Agir et penser comme NARUTO

Direction éditoriale : Stéphane Chabenat
Éditrice : Louise Bellot
Conception graphique et mise en page : Soft Office
Conception graphique de la couverture : Thomas Hamel

Les Éditions de l'**Opportun**
16, rue Dupetit-Thouars
75003 Paris
www.editionsopportun.com

Arnaud Jahan

Agir et penser comme NARUTO

Opportunéditions

PRÉFACE

Lorsqu'un personnage vous tend la main, vous emmène dans des aventures humaines philosophiques au cœur de valeurs martiales et dans des situations toujours plus étonnantes les unes que les autres, sans que vous ayez eu le temps de réaliser l'ampleur que prendrait l'histoire de ce jeune garçon plein de rêves et de naïveté qui deviendra le fameux grand *Hokage* Naruto Uzumaki, ça a un impact sur une vie et un parcours professionnel.

Voix française du personnage de Naruto dans la série et les films depuis le début de son arrivée sur le territoire francophone, le travail et les recherches d'Arnaud Jahan m'ont permis d'en apprendre encore plus sur ce ninja touchant, attachant, puissant et si humain.

La profondeur d'analyse d'Arnaud Jahan de l'œuvre de Masashi Kishimoto nous permet de découvrir toute la richesse qui habite cette saga culte du monde des mangas en traversant les étapes de la vie de ce personnage haut en couleurs, Naruto Uzumaki.

Carole Baillien,
voix française de Naruto Uzumaki

SOMMAIRE

La détermination

La flamme de la volonté

INTRODUCTION

L'œuvre de Masashi Kishimoto, et particulièrement le personnage de Naruto, a eu un grand impact dans ma vie. Je fais partie de celles et ceux qui ont eu la chance de grandir et d'évoluer en même temps que le jeune Uzumaki. Du début des années 2000 jusqu'au milieu des années 2010, je n'ai cessé de suivre le parcours inspirant de ce personnage.

Je comprends que le côté « naïf » qui caractérise une partie de sa personnalité puisse en agacer certains. Naruto bâtit sa voie sur l'espoir, le pardon, la bienveillance, l'altruisme... mais la rudesse du monde ninja – et son enfance poignante – ne lui fait pas toujours voir la vie en rose. C'est ainsi que Masashi Kishimoto a choisi de construire son héros. Chacun est libre d'avoir sa propre appréciation. Je ne tiens pas à sacraliser ce personnage. Il n'est pas la seule grande figure de ce vaste et riche univers qu'est le manga. Naruto est néanmoins le personnage qui m'a le plus marqué, notamment grâce aux émotions qu'il véhicule et aux valeurs fortes qu'il incarne.

Le contenu de cet ouvrage est bien sûr subjectif, basé sur ma propre expérience de lecteur et spectateur. J'explore la psychologie et l'évolution du personnage. Bien que certaines sous-parties soient conclues par de « petites leçons » que peut nous enseigner Naruto, ce livre n'a pas vocation à être un « guide ». Ma démarche est de tenter de comprendre pourquoi Naruto est si inspirant – pour différentes générations –, et de mettre l'accent sur ce qu'il peut nous apporter au quotidien.

Lecteurs, lectrices, j'espère que vous prendrez plaisir à (re)découvrir les différentes facettes de la personnalité de Naruto Uzumaki.

COCASSE
ET ATTACHANT

La valeur de l'expression DATTEBAYO !

La formule sacrée de Naruto

Avant toute chose, il faut savoir que l'expression *dattebayo* s'inscrit comme un style de langage que l'on nomme au Japon *« yakuwarigo*[1] ». Ce n'est pas qu'une simple formule prononcée à certains moments bien précis, car, au fond, elle signifie et révèle plusieurs choses du personnage de Naruto. C'est une expression de ses émotions et de ses sentiments qui, selon les situations, indique son état d'esprit. *Dattebayo* nous permet à nous, spectateurs, d'en apprendre beaucoup sur le caractère, la personnalité et le comportement de Naruto, en fonction de ses ambitions, de ses valeurs et des personnes qu'il côtoie. Cette expression est l'une de ses marques de fabrique ; elle le rend unique et attachant. *Dattebayo*, aussi utilisée avec la contraction *« ttebayo »*, est une partie inhérente de la personnalité de Naruto. Un tempérament lié à son histoire personnelle et à ses expériences douloureuses…

---

1. Très courant dans les mangas et les animes, ce style de langage livre des informations sur le locuteur, comme son âge ou son statut social.

La signification des particules qui forment l'expression

Dattebayo ne signifie pas grand-chose au sens littéral. Elle n'a pas de traduction exacte et définitive. Ce n'est ni une maxime ni une pensée philosophique qui feraient de Naruto un « grand penseur ». Si Naruto s'assagit en grandissant, il est surtout question d'une sagesse exprimée par ses actions, sa sincérité et les émotions et valeurs qu'il transmet aux autres. Bien sûr, l'utilisation des mots, de la parole, est aussi un élément inhérent à la richesse philosophique du personnage ; une richesse qu'il développe au fil de ses expériences et de ses rencontres. *Dattebayo* n'est pas une règle de conduite. Elle révèle beaucoup d'informations sur la personnalité du jeune ninja, mais elle n'est pas l'unique pièce du puzzle. Son importance n'est pas littérale, mais psychique et physique – à travers l'expression des émotions et des sentiments de Naruto. Au début de son aventure, le jeune Uzumaki utilise parfois la formule avec la volonté de convaincre ou persuader ses interlocuteurs. Au fil du temps, Naruto se sert davantage des mots pour convaincre. En grandissant, il s'ouvre davantage à la réflexion et son utilisation de *dattebayo* diminue. Naruto perd un peu de sa spontanéité et passe autant de temps à dialoguer qu'à combattre ; évidemment, dans cet univers dangereux, l'un ne va pas sans l'autre… Durant son parcours, il n'a pas besoin d'une rhétorique complexe pour convaincre certains de ses adversaires de retrouver le droit chemin, de redevenir ceux qu'ils étaient avant de sombrer. Il recourt à des mots plutôt simples et impactants, grâce aux émotions véhiculées – notamment lorsqu'il évoque son passé et ses souffrances.

Si l'expression *dattebayo* n'a pas vraiment de traduction littérale, elle n'est pas dénuée de sens pour autant. Cette formule est composée de plusieurs particules japonaises aux utilisations bien précises. Cette composition de particules, associée à l'expression émotionnelle de Naruto, permet d'insister sur une émotion ou un sentiment. C'est aussi en cela que la signification de *dattebayo* est large.

だ *da*

Il s'agit d'une particule (copule) utilisée dans un cadre informel. だ est la version familière de です (*desu*). En France, on traduit souvent だ et です par le verbe « être ». Au Japon, la politesse est essentielle. だ étant familier, cela révèle déjà quelque chose sur l'insolence de Naruto lorsqu'il s'adresse aux anciens.

って *tte*

って est une particule également utilisée dans un langage familier. Elle sert, entre autres, à citer des paroles antérieures (accentuer une déclaration). Elle peut également être utilisée pour exprimer une émotion.

ば *ba*

La particule conditionnelle ば sert à marquer une supposition dans une phrase. Elle est aussi utilisée pour exprimer une émotion.

よ *yo*

Enfin, la particule よ a différentes utilisations, nuancées selon le contexte et la relation entre les personnes. Elle peut être utilisée pour accentuer une affirmation (parfois avec frustration), pour insister sur une déclaration ou pour rappeler une information précédemment donnée. よ peut également indiquer l'assurance du locuteur quant à ses propos; c'est le cas pour Naruto, qui ne cesse d'exprimer sa détermination. Il arrive que les jeunes recourent à よ dans un contexte de phrases assertives, pour leur donner un ton plus dynamique. Les yakuzas – et les voyous – sont aussi réputés pour terminer certaines de leurs phrases par cette particule. Cela leur permet par exemple d'affirmer leur autorité, d'appuyer leurs points de vue. Dans l'anime *Great Teacher Onizuka* (plus connu sous le sigle *GTO*), de nombreux personnages – dont le protagoniste, Onizuka – l'utilisent. Bien sûr, son usage dans les films ou les animes est souvent exagéré, pour créer un effet comique, entre autres.

Les nuances de ces particules révèlent de nombreuses choses intéressantes sur la personnalité de Naruto, à commencer par un besoin d'attention et de singularité. Pour lui, qui a grandi dans le rejet et la solitude, être remarqué par les autres est essentiel. Stigmatisé et catalogué durant toute son enfance, il cherche à obtenir la reconnaissance de ses pairs et à trouver sa place au sein du village. Ce besoin, relatif à l'ensemble de ses traumatismes, est une composante majeure de sa personnalité. Il se remarque à la fois dans ses attitudes et dans son langage. Naruto s'exprime de façon unique. Sa familiarité révèle un état d'esprit revanchard envers les adultes ; ceux qui l'ont ignoré et rejeté. On remarque aussi dans son phrasé qu'il a été à l'écart des codes.

Dans quels contextes Naruto l'utilise-t-il ?

Naruto est le seul personnage à utiliser cette formule, que l'on peut presque considérer comme un tic de langage ; sa mère, Kushina, recourt souvent à *dattebane*, une expression que l'on pourrait traduire comme « pas vrai ? » ou « n'est-ce pas ? ». Aux prémices de la Quatrième Grande Guerre Ninja, Naruto s'entraîne pour contrôler totalement le *chakra* de Kyūbi. Dans son esprit, il fait la rencontre de sa mère, ancien réceptacle du démon à queue, venue lui apporter son soutien. Le jeune Uzumaki a en quelque sorte hérité de son caractère – tout du moins de cette façon singulière de s'exprimer. *Dattebayo* permet à Naruto d'extérioriser ses sentiments et d'exprimer ses émotions, selon les situations vécues.

Malgré son enfance douloureuse, Naruto est un personnage enthousiaste, plein d'espoir, parce que son rêve, symbole de grandeur, porte sur le présent et l'avenir, mais aussi sur les autres. Il veut prouver sa valeur ; c'est un besoin essentiel. Il a une volonté immense de progresser et de devenir plus fort, car c'est une étape indispensable pour se rapprocher de son rêve ; un rêve qui représente plutôt pour lui un objectif, une ambition... Naruto utilise *dattebayo* pour affirmer sa détermination en évoquant au grand jour son rêve de devenir le plus grand *Hokage* de tous les temps, en criant haut et fort son nom et son prénom, en renonçant à la défaite, ou encore en montrant sa ferme intention de ne jamais baisser les bras face au moindre obstacle. Utiliser dans ce contexte, *dattebayo* permet aussi à Naruto de se motiver. S'entendre dire que l'on est déterminé ne peut être que bénéfique ; à la fois pour renforcer notre conviction et notre confiance, mais également pour balayer certains doutes pouvant être nocifs. Il ne s'agit pas de tenter de se convaincre – dans le cas où on ne croirait pas vraiment en nous. Il n'est pas non plus question de chercher à être rassuré par son interlocuteur. Naruto pense sa détermination. Il la vit, la ressent et l'exprime aux autres à travers la parole ; cela contribue à la renforcer. Évidemment, cette façon de la témoigner aux autres par différentes phrases est à associer à son besoin d'attention et de reconnaissance. Un besoin néanmoins relatif à une enfance vécue avec peine et souffrance. Mais il est à noter qu'en s'ouvrant aux autres, sa détermination se consolide davantage ; justement parce que nombre de ses camarades le soutiennent au fil de son aventure. Voici quelques exemples où Naruto utilise *dattebayo* avec détermination, enthousiasme et motivation :

- Lorsqu'il promet à Sakura (pour donner suite à sa demande) qu'il ramènera Sasuke au village ;
- Lorsqu'il se motive (et motive ses camarades *genin*[1]), poing levé vers le ciel et sourire éclatant, juste avant de partir de Konoha pour remplir la mission de sauvetage de Sasuke ;

---

1. Ninjas aspirants.

- Ou encore, lorsqu'il se plante un *kunai* dans la main pour retirer le poison (afin de ne pas être un fardeau et ne ralentir personne ; Kakashi ayant pris la décision de rentrer au village pour que Naruto se fasse soigner).

Lorsque *dattebayo* marque la détermination de Naruto, elle permet de mettre en avant sa voie de ninja, son objectif, sa volonté de progresser pour prouver sa valeur, surmonter les obstacles et protéger ses camarades. Cette formule marque également la surprise, la peur, la confusion, l'agacement et la frustration. Elle permet d'attirer l'attention, de se faire remarquer ou encore d'insister sur la volonté de convaincre l'interlocuteur. Naruto n'hésite pas à se montrer contrarié ou frustré (en finissant ses phrases par *dattebayo*) devant les grandes figures de Konoha : Hiruzen, Tsunade, Kakashi ou encore Jiraya. Néanmoins, même en s'exprimant et en se comportant ainsi, loin des normes, Naruto parvient à accomplir de grandes choses, parce qu'il a profondément confiance en lui et que ses proches lui témoignent la leur. Il utilise donc *dattebayo* de différentes manières selon le contexte et le sentiment ressentis. On ne peut donc pas vraiment trouver de traduction générale de cette formule, qui s'appliquerait à chaque utilisation. Cette expression permet de singulariser davantage le personnage principal de l'histoire ; un protagoniste qui est, évidemment, caractérisé par de nombreux codes du héros de *shōnen nekketsu*[1].

---

1. Littéralement « sang chaud », le *nekketsu* est un sous-genre du *shōnen*. Dans ces mangas, le protagoniste est souvent orphelin, à la fois franc et naïf. Déterminé à réaliser son rêve ou son objectif, il entame un voyage initiatique qui lui permettra de devenir « hors norme ». Aux côtés de ses camarades rencontrés en chemin, le héros poursuit sa quête et affronte de nombreux obstacles. Face à l'échec, il découvre ses faiblesses, se remet

Cette formule occupe un rôle majeur, à la fois pour nous, spectateurs, mais aussi pour les autres personnages de l'œuvre. En ce qui nous concerne, c'est justement parce que Naruto est très expressif que l'on peut facilement s'identifier à lui et partager plusieurs de ses émotions. *Dattebayo* a son importance dans notre considération du personnage de Naruto. Encore plus lorsque l'on a connaissance de son passé. *Dattebayo* permet aussi aux autres personnages (je pense surtout à Kakashi, qui fut longtemps très rigide sur les règles ninjas en raison de la tragique histoire de son père) qui, en côtoyant et en écoutant Naruto, en partageant des épreuves difficiles et joyeuses à ses côtés, en l'acceptant tel qu'il est et en s'identifiant à ses sentiments et à ses émotions, se mettent à voir le monde d'une façon plus libre et générale, sans se contenter d'une vision restreinte par des codes anciens. Des « lois » instaurées à des époques de guerres sanglantes et incessantes. Cette ouverture concorde alors avec la voie de Naruto. Une voie qui représente l'idéal de Masashi Kishimoto : un monde de paix où les êtres humains priorisent le dialogue, le partage d'expériences et de sentiments (la compassion au détriment du mépris) ou encore la tolérance, tout cela dans un seul but ; vivre en paix et éviter de répéter inlassablement les mêmes erreurs qui ont précipité le monde dans la tourmente.

---

en question et parvient à les dépasser. Très souvent, le héros détient un pouvoir spécial qui se développe au fil de l'intrigue. Aux portes de la mort, il se relève grâce à sa volonté de vaincre, à son « sang chaud ».

Une utilisation modérée par un gain de maturité

Naruto utilise cette formule essentiellement au début de l'histoire, lorsqu'il est jeune. Mais son usage est réduit au fil du temps. Grâce aux personnes qu'il rencontre et affronte, et à l'accumulation d'expériences vécues, Naruto gagne en maturité et s'assagit. Au fur et à mesure, il progresse et accomplit des prouesses. La route est encore longue pour devenir *Hokage*, mais Naruto avance... Alors forcément, il est de moins en moins question de vouloir à tout prix prouver sa valeur, puisqu'il obtient la confiance des personnes autour de lui – aussi bien les plus puissants ninjas du village que les villageois. Avec le temps, il est plus facile pour lui de contenir ses émotions et de comprendre ses sentiments avec profondeur. Naruto devient plus introspectif; en soi, il a toujours été dans l'introspection étant donné son passé douloureux, mais *dattebayo* était clairement un moyen d'extérioriser un sentiment ou une émotion précise. Malgré la maturité et l'assurance qui se développent, Naruto continue d'utiliser quelquefois cette formule, qui reste ancrée en lui.

Dans la première partie de l'anime, pour persuader ou tenter de convaincre ses interlocuteurs, il lui arrive de recourir à cette expression. En grandissant, le dialogue et la volonté de convaincre ses adversaires de retrouver le droit chemin sont une priorité. Au cours de ses aventures, Naruto utilise de moins en moins *dattebayo* pour tenter de persuader ses interlocuteurs et accorde une grande importance à l'écoute, au recul et à la réflexion – même s'il reste parfois têtu... Il s'ouvre davantage aux perspectives et perd en spontanéité. Son caractère évolue ; cela est logique puisqu'il grandit en découvrant de nombreuses choses. Naruto fait des rencontres et découvre les récits et les souffrances des autres… Il fait aussi face à ses frustrations, principalement son incapacité à convaincre Sasuke de rester au village et à pouvoir le ramener ; les échecs s'accumulent.

Le dialogue occupe chez lui une place de plus en plus essentielle. Lui, qui, au départ, était animé par la force, le progrès, l'action… Rappelons que ses premières missions de ninja ne le réjouissaient pas. Naruto râlait lorsque les aînés lui confiaient des missions simples qui consistaient à rendre des services aux villageois : retrouver le chat d'une grand-mère par exemple. Naruto était impatient d'effectuer des missions intenses et plus dangereuses. Il voulait faire face au risque. Cette maturité qu'il gagne en grandissant se perçoit aussi dans sa façon de s'exprimer ; au fil du temps, Naruto est plus posé – même s'il s'emporte quelquefois.

La traduction en dehors des frontières nipponnes

L'expression *dattebayo* n'est pas traduite dans la version française de l'anime. Néanmoins, elle est traduite dans la version anglaise comme : *« believe it »*. Il s'agit d'une traduction restreinte. Les nuances (subtilités) et la valeur symbolique de l'utilisation de cette expression – selon le contexte – sont bien plus perceptibles et fidèles en japonais. En regardant la version originale de l'anime, il n'y a pas de traduction ; *dattebayo* restant *dattebayo*.

Naruto est un personnage atypique et rebelle – tout du moins au début de l'histoire. Cette formule accompagne son attitude ; il cherche à attirer l'attention et à se faire entendre, quitte à se montrer parfois enfantin, agressif ou insolent. *Dattebayo* indique également que Naruto est un grand émotif, car il a accumulé un lot de souffrances insupportables. Il n'a pas pu partager ses émotions et ses sentiments avec les autres ; il était seul face à lui-même. Si certains hauts gradés du village « tolèrent » le comportement de Naruto, c'est parce qu'ils ont conscience de tout cela.

UN NINJA SINGULIER

qui casse les codes d'un univers rigide

« Une fois *Hokage*, je changerai l'histoire des Hyûga[1] !»

Naruto à Neji lors de l'examen des *chûnin*

Nous l'avons vu, Naruto a, depuis son plus jeune âge, une drôle de façon de s'adresser aux grandes figures du monde ninja. Le raisonnement pour quelqu'un qui rêve de devenir *Hokage* serait d'adopter une attitude respectueuse envers les hauts gradés du village, mais Naruto déroge à la règle. Il se montre la plupart du temps loufoque et impoli. Au fond, cette attitude est liée à son enfance. Naruto a grandi seul, sans parents, sans éducation… Il ne détient pas les codes que les autres enfants de son âge ont reçus. Et même si ses professeurs de l'académie tentent – tant bien que mal – de les lui enseigner, le jeune Uzumaki conserve son attitude. Naruto a été privé de liens avec les autres, mais il a toujours connu une certaine forme de liberté ; il

1. Masashi Kishimoto, *Naruto*, tome 12, traduit en français par Sébastien Bigini, Kana, 2004, p. 95.

n'avait pas d'interdits. Le manque d'amour et d'enseignement parental se perçoit dans sa personnalité. L'impolitesse de Naruto est intrinsèquement liée à son besoin d'attention. Ce n'est pas de la méchanceté, car il ne déteste personne, et ce malgré son enfance douloureuse.

Naruto surnomme le légendaire Jiraya « l'ermite pervers » ou « l'ermite pas net » – *« ero-sennin »* en japonais –, parce que celui-ci passe beaucoup de temps à espionner les femmes. Il appelle Tsunade, autre ninja emblématique du village, « la vieille Tsunade » – « Tsunade *obaachan* », même lorsqu'elle occupe le poste de *Hokage* ! Les autres ninjas utilisent le suffixe de politesse *« sama*[1] », et l'appellent « Maître Tsunade » – « Tsunade *sama* » ou *« Hokage sama »*. *« Obaachan »* signifie aussi grand-mère, mais on se doute bien que Naruto l'utilise de manière plus familière. Ce langage familier et insolent employé par Naruto est encore une fois à rattacher à son vécu et à sa personnalité. À terme, il n'utilise pas spécifiquement ce surnom pour dénigrer Tsunade ; cela semble presque être une forme d'affection. Lui qui personnalise ses phrases en les terminant souvent par *dattebayo*, il trouve aussi des surnoms singuliers à certains ninjas du village qu'il apprécie particulièrement. Évidemment, au départ, ces surnoms ne proviennent pas d'un bon sentiment. Mais après la mort de son maître Jiraya, qu'il aimait énormément, Naruto continue de le surnommer « l'ermite pas net ». Ce n'est pas un manque de respect ; il s'agit simplement d'un surnom qu'il a toujours gardé. C'est la même chose pour Tsunade. Naruto ne l'appréciait pas

---

1. *« Sama »* est un suffixe honorifique placé après le nom d'une personne de haut rang, hiérarchiquement supérieure.

au début parce qu'elle le méprisait et le sous-estimait, mais lorsqu'elle a reconnu sa valeur, ses sentiments ont évolué – le surnom est néanmoins resté.

Autre exemple amusant : lorsque Naruto recouvre de peinture les visages des statues des *Hokage* et que Hiruzen et Iruka le somment d'arrêter ses bêtises, Naruto répond : « Taisez-vous bande de nazes[1] ! » Il fait preuve d'une vulgarité et d'une insolence certaines. Aucun ninja ne s'adresserait ainsi à son professeur, encore moins au chef du village. Néanmoins, on perçoit rapidement en lui une souffrance profonde ; des plaies qui ne se referment pas. Dans un tel univers, régi par des règles strictes, les normes étant d'écouter les anciens et de respecter les institutions, une personne qui a eu une enfance « courante » n'agirait pas comme cela. Évidemment, dans notre monde réel, surtout dans la société japonaise, ce n'est pas vraiment une attitude à calquer. *Naruto* reste une œuvre de fiction. L'attitude du personnage est souvent exagérée pour apporter des touches comiques et dynamiser le rythme de l'intrigue. Il faut aussi considérer que ce Naruto insolent est un enfant ; en grandissant, il gagne en maturité et obtient la confiance des autres. Sa priorité n'est plus de se faire remarquer, mais de poursuivre son chemin en aidant autrui.

Au début de l'histoire, alors que Naruto est reçu dans le bureau de Hiruzen pour discuter de sa licence de ninja, le jeune Konohamaru – petit-fils de Hiruzen – débarque en furie, suivi par son professeur Ebisu. Konohamaru surgit pour attirer l'attention de son grand-père. Dans sa course,

1. Masashi Kishimoto, *Naruto*, tome 1, traduit en français par Sylvain Chollet, Kana, 2002, p. 11.

il trébuche et accuse Naruto de lui avoir tendu un piège. Ce dernier s'offusque aussitôt, répond avec autant d'hostilité et attrape Konohamaru par le col. Ebisu lui ordonne de lâcher Konohamaru avant de lui apprendre qu'il est le petit-fils du *Hokage*. Konohamaru se met alors à narguer Naruto : « Alors ? T'oses plus me frapper maintenant, hein[1] ?! » La plupart du temps, dès lors que certaines personnes apprennent que Konohamaru est le petit-fils du *Hokage*, elles changent immédiatement d'attitude. Konohamaru se dit que Naruto n'a pas de courage, qu'il n'osera pas le toucher. Mais contre toute attente, notre héros le cogne sur le haut du crâne en lui criant : « Petit-fils ou pas, rien à faire ! Prends ça, morveux[2] ! » Naruto se moque de la hiérarchie. C'est plutôt ironique venant de quelqu'un qui crie haut et fort vouloir devenir *Hokage*. Il ne craint pas d'être réprimandé par le chef du village, alors comment peut-il baisser les yeux devant un enfant plus jeune que lui ? Son tempérament est unique et ne cesse de surprendre les grandes figures de Konoha, qui s'en amusent la plupart du temps. La raison de cet amusement est simple : ils s'attachent peu à peu à la personnalité de Naruto, qui cherche simplement à être reconnu à sa juste valeur. Ils apprennent ainsi à le connaître et à le dissocier de Kyūbi et de la tragédie qui a autrefois marqué l'histoire du village[3].

---

1. Masashi Kishimoto, *Naruto*, tome 1, traduit en français par Sylvain Chollet, Kana, 2002, p. 66.
2. *Ibid.*
3. Le jour de la naissance de Naruto, Obito, caché sous un masque, a attaqué le village de Konoha en contrôlant Kyūbi. Cette tragédie s'est soldée par la mort de nombreux ninjas et villageois – dont les parents d'Iruka – et le sacrifice de Minato et Kushina, protégeant le village en scellant Kyūbi en leur fils.

Outre son attitude insolente, Naruto se montre aussi quelquefois intrusif, comme si tout le concernait… Après tout, n'est-ce pas une « compétence » indispensable pour devenir chef du village ? Quel *Hokage* peut prétendre être « bon » et respecté s'il refuse de tendre l'oreille et de voir les problèmes ? Naruto est évidemment un personnage égocentrique – enfin, surtout au début de l'histoire… Lorsqu'il affronte Neji au cours de l'examen des *chūnin*[1], il ne se gêne pas pour donner son opinion sur la situation de ce dernier. À ce moment-là, l'histoire du clan Hyūga est plutôt taboue. Celui-ci est séparé en deux branches : la branche principale qui hérite du pouvoir, et la branche secondaire qui est à sa solde. Au fond, Naruto ne fait que répondre aux provocations de Neji. Celui-ci croit au destin avec conviction. Il est persuadé que Naruto ne pourra jamais réaliser son rêve et que chaque être humain naît avec un destin immuable. Le destin, Naruto n'en a que faire et n'y croit pas. Pour lui, rien n'est écrit à l'avance et il en fait d'ailleurs la démonstration : le dernier de l'académie parvient à vaincre le génie de son clan et le surdoué des *genin* ! Lui, qui a du mal à accepter l'enseignement et l'autorité des aînés, parvient tout de même à ouvrir les yeux à certains de ses adversaires et camarades, notamment sur l'estime de soi et des autres. Grâce à lui, Neji se libère de sa pensée néfaste sur le destin, ayant désormais conscience que c'est à lui d'être maître de sa vie et de ses choix.

La singularité de Naruto à briser les codes et à s'affranchir d'un état d'esprit archaïque – notamment sur le fait de ne ressentir aucune empathie pour un ninja d'un village

---

1. Ninjas de classe moyenne.

ennemi – ne se limite pas à la vie au sein de Konoha. C'est un personnage profondément humaniste et empathique. Il partage ces valeurs précieuses au-delà des frontières de son village natal. Lorsque l'Akatsuki poursuit les *jinchūriki*[1] pour s'emparer de leurs *bijū*, Konoha envoie deux équipes pour sauver le *Kazekage*[2], Gaara. L'équipe dirigée par Kakashi, dont fait partie Naruto, arrive trop tard : Gaara succombe après l'extraction forcée de son *bijū*[3]. Impuissant, Naruto fond en larmes pour un ninja du village de Suna ; mais ce n'est pas comme cela qu'il voyait les choses. Prenons le point de vue de Chiyo – une *kunoichi*[4] expérimentée de Suna qui ressent une aversion particulière envers Konoha ; elle ne comprend pas comment Naruto peut autant se démener pour sauver Gaara. Pour elle – et pour beaucoup de ninjas de sa génération –, vouloir sauver la vie d'un « ennemi » est une absurdité sans nom. Alors, pleurer sa mort l'est d'autant plus. Pourtant, c'est face aux larmes de Naruto que Chiyo fait volte-face. Pour lui, Gaara n'est pas un ennemi, bien au contraire. Au-delà de la tristesse, Naruto ressent un profond sentiment d'injustice. Tous deux partagent une enfance similaire : ils ont été rejetés et haïs par les villageois parce qu'ils abritaient en eux un *bijū*. Ils étaient craints. Chiyo, qui est de la vieille école, se retrouve bouleversée par la détresse de Naruto. La sincérité du jeune Uzumaki la touche à tel point qu'elle décide de sacrifier sa vie pour sauver Gaara. Le message est fort : elle fait confiance à cette génération. Naruto donne de l'espoir aux autres ; c'est la

---

1. Les *jinchūriki* sont les réceptacles des *bijū*, les démons à queues.
2. Chef du village de Suna.
3. Lorsqu'un *bijū* est séparé de son *jinchūriki*, celui-ci meurt aussitôt.
4. Littéralement : femme ninja.

raison principale qui a poussé Chiyo à sauver Gaara. En sauvant le *Kazekage*, elle espère qu'il bénéficiera de l'état d'esprit de Naruto, de sa générosité, de son empathie et de l'importance qu'il accorde à l'espoir. Chiyo en était persuadée : Naruto ferait un grand *Hokage*. Ce sacrifice est un symbole fort : avec du temps et de la persévérance, cette génération peut faire évoluer le monde, annihiler les souffrances, tout faire pour que le sang ne cesse de couler davantage…

Naruto arbore la même attitude avec les *bijū*. Plus tard dans l'histoire, il est persuadé de pouvoir se lier d'amitié avec eux. Les hommes traitaient avec malveillance depuis des décennies les démons à queues, comme des animaux domestiques, mais Naruto est allé à contre-courant, se moquant de paraître absurde ou ridicule. Et comme ce fut le cas pour Chiyo, cet état d'esprit, cette sincérité et cet espoir, il les a transmis à ces *bijū*, leur permettant de faire à nouveau confiance aux hommes ; car, malgré le vécu et les souffrances subies, tous les hommes n'empruntent pas de chemin obscur ; Naruto en est la preuve.

Notre héros s'affranchit des règles en suivant sa propre voie. Il apporte une fraîcheur essentielle à un monde bien trop rigide et ancré dans le passé et la rancœur. Sa personnalité aurait pu être considérée comme une faiblesse, inadaptée à un monde régi par les règles. D'ailleurs, bon nombre de personnages se moquent de lui, le trouvant trop absurde, idéaliste, voire irrespectueux vis-à-vis des défunts de son village et de la voie traditionnelle du ninja. Comment un tel individu peut-il être honorable en pleurant la mort d'un ennemi ? De nombreux ninjas de Konoha sont morts lors des guerres précédentes, opposant plusieurs villages, dont celui de Suna. Mais Naruto n'a pas une pensée archaïque. Au contraire, son rêve, ses ambitions et ses convictions le poussent à avancer et à bouleverser ce monde. Et c'est ce qu'il parviendra à faire ; Naruto le marquera de son empreinte avec grandeur.

UN FARCEUR

sans limites !

« Vous n'oseriez jamais en faire autant, pas vrai ?! Mais moi, je n'ai pas froid aux yeux ! Ça vous épate, hein[1] ?! »

Naruto s'adressant à Iruka, à Hiruzen et à d'autres hauts gradés

Naruto et les farces, c'est toute une histoire ! Deux de ses farces les plus connues sont réalisées grâce à la métamorphose. Un jour, à l'académie, en plein examen, Iruka demande à Naruto de faire un clone. Contre toute attente, le jeune ninja exécute une technique qu'il a inventée et baptisée *« sexy-méta »*. Naruto se métamorphose alors en femme à moitié dénudée ; ce qui a pour effet de perturber fortement les hommes qui en sont victimes. Il utilise notamment cette technique sur Ebisu, Jiraya ou Hiruzen pour se sortir de situations périlleuses… Un jour, Naruto ligote Sasuke et prend son apparence, grâce à la technique de métamorphose, pour avoir un rendez-vous avec Sakura. Naruto ne manque pas d'imagination et ces moments cocasses ont contribué à la considération que nous lui portons. Ce

1. Masashi Kishimoto, *Naruto*, tome 1, traduit en français par Sylvain Chollet, Kana, 2002, p. 11.

dernier a évolué d'un enfant fourbe et turbulent vers un grand *Hokage* réfléchi et aimé de tous. Néanmoins, ces farces n'apportent pas que de l'amusement et des scènes burlesques. Elles témoignent de blessures profondes, d'une tristesse enfouie... Cela a une grande importance dans la compréhension de la psychologie et de la personnalité du personnage. Masashi Kishimoto ne tarde pas à nous dévoiler le manque et le besoin de son protagoniste. Le jour où Naruto peint les statues des *Hokage*, Iruka le punit et affirme qu'il ne rentrera pas chez lui avant d'avoir tout nettoyé. Naruto lui répond qu'il s'en moque puisque personne ne l'attend à sa maison. Naruto cherche à trouver sa place au sein du village. Les farces lui permettent d'attirer l'attention, mais il a surtout besoin de reconnaissance, peu importe la façon dont il l'obtient (enfin presque...). Il ne cherche pas à obtenir la pitié des autres pour autant. Naruto a un rêve, des ambitions... D'une certaine manière, devenir *Hokage* représente une revanche contre ses détracteurs. Néanmoins, il garde toujours le bon état d'esprit; certaines farces dépassent les limites, mais Naruto tient à ne faire de mal à personne. Sa revanche est plutôt morale. Il veut prouver aux autres qu'il est capable d'être aimé et respecté. À cet âge-là, même si son rêve semble très lointain et illusoire, Naruto y croit dur comme fer. Conserver cette détermination lui permet de s'endurcir davantage et de surmonter sa situation. Naruto trouve du réconfort auprès d'Iruka. Celui-ci est la première personne à l'accepter tel qu'il est, à le reconnaître à sa juste valeur, à ne plus voir « le réceptacle du démon » ou « le farceur bon à rien ». Iruka révèle d'ailleurs à son élève qu'autrefois, il faisait lui aussi le pitre pour attirer l'attention. Lorsqu'il s'est retrouvé orphelin, Iruka a souffert de solitude. Il n'avait personne à ses côtés pour être félicité ou encouragé. Pour obtenir la sympathie de ses camarades, il faisait le clown, mais cette façon de solliciter l'attention le faisait souffrir.

Pour Naruto, le jour où Iruka lui demanda pardon, en larmes, fut un tournant dans sa vie. Iruka regrettait de ne pas avoir compris plus tôt la souffrance que Naruto endurait. Ce jour-là, après avoir défendu Iruka face à Mizuki, Naruto obtient son bandeau de ninja, mais aussi et surtout l'empathie et la reconnaissance de son professeur ; une première victoire essentielle. Mais malgré cette reconnaissance, il poursuit ses farces, car son besoin d'attention ne se limite pas qu'à une seule personne. Au fur et à mesure qu'il découvre l'univers dangereux des ninjas – notamment après la mission à Kiri contre Zabuza et Haku –, Naruto s'assagit et mûrit. Dès lors, il n'a plus de raison d'obtenir la reconnaissance des autres en faisant des farces. Naruto doit la gagner en devenant un ninja « légendaire », respectable et aimé, en poursuivant sa voie. Il réduit donc peu à peu ses bêtises, mais son humour décalé – et naturel – demeure. Lorsque Kakashi demande à ses élèves de se présenter, en parlant de ce qu'ils aiment et de ce qu'ils n'aiment pas, Naruto ne lésine pas sur les détails : « J'adore les nouilles instantanées. [...] Ce que je déteste, c'est les trois minutes d'attente après avoir versé l'eau chaude dans le récipient[1]. »

C'est un personnage amusant, qu'il le veuille ou non. Naruto est cocasse et maladroit malgré lui, et c'est un trait de sa personnalité qui le rend particulièrement attachant. Il ne se cache pas et reste plus vrai que nature.

---

1. Masashi Kishimoto, *Naruto*, tome 1, traduit en français par Sylvain Chollet, Kana, 2002, p. 114.

UN RÊVEUR

idéaliste ou optimiste ?

« Un jour, je deviendrai un *Hokage* moi aussi ! Même que je surpasserai tous ceux des générations précédentes ! Et puis comme ça, tout le monde sera bien obligé de reconnaître que c'est moi le plus fort[1] ! »

Naruto s'adressant à Iruka autour d'un bol de nouilles

Est-ce que le rêve du bon dernier de l'académie, qui est le seul à avoir raté à de multiples reprises les examens basiques, est idéaliste ? Pour quelqu'un qui veut devenir *Hokage*, ne pas savoir faire un clone comme tout le monde est plutôt honteux. C'est en tout cas mal parti... Rappelons que le *Hokage* est le ninja le plus puissant du village de Konoha. Il est respecté et reconnu par tous les villageois. Il doit faire preuve d'une grande maturité puisqu'il a beaucoup de responsabilités, à commencer par la sécurité des habitants. Dans un tel univers où les conflits perdurent, maintenir la paix entre les différents villages est une tâche colossale. Il faut en avoir les épaules et les compétences.

1. Masashi Kishimoto, *Naruto*, tome 1, traduit en français par Sylvain Chollet, Kana, 2002, p. 17-18.

Parmi les *Hokage*, tous étaient déjà réputés pour leur talent durant leur enfance. Hashirama et Tobirama étaient les membres les plus puissants du célèbre clan Senju. Hiruzen était si fort que Tobirama l'a nommé troisième *Hokage* à un jeune âge. Minato était un génie incontestable ; tandis qu'il n'était qu'un enfant, il a sauvé Kushina – qui s'était fait capturer – en vainquant des *jōnin*[1] de Kumo. Tsunade a participé à la Troisième Grande Guerre Ninja, où elle a obtenu le titre de « *sanin* légendaire ». Pour succéder à Hiruzen, elle était le deuxième choix évident après le refus de Jiraya. Ses compétences exceptionnelles en médecine et sa grande force physique ont toujours été réputées dans le monde entier. Enfin, que dire de Kakashi ? Lui aussi a toujours eu un talent d'exception. Ces ninjas de Konoha étaient tous reconnus pour leur excellence.

Naruto, lui, est au début de l'histoire toujours haï et méprisé. Il fait le pitre, refuse l'autorité et manque de respect à ses aînés, même aux défunts *Hokage* (en recouvrant leurs statues de peinture). C'est une tête brûlée qui se moque de la hiérarchie. Naruto n'est bon ni en théorie ni en pratique. Puis, en grandissant, il peine à progresser, car le contrôle du *chakra* de Kyūbi se révèle être une tâche très difficile. La route pour réaliser son rêve est loin d'être grande ouverte. Le titre de *Hokage* ne lui sera pas servi sur un plateau, et il le sait. D'ailleurs, au début, pour la plupart de ces raisons, personne ne croit vraiment à son rêve. Les hauts gradés du village prennent cela à la rigolade. Non pas que ce soit totalement impossible, mais devenir *Hokage* est ce qu'il y a de plus difficile. Bon nombre de ninjas talentueux n'y sont

1. Ninjas de classe supérieure.

pas parvenus… Mais qu'importe, Naruto y croit profondément et c'est la clé de sa réussite. Ce rêve n'est pas qu'un prétexte pour attirer l'attention ; Naruto en a la volonté et le désir. Pour lui, devenir *Hokage* n'est pas un rêve illusoire, mais une ambition et un objectif, et il a conscience que le chemin s'annonce long et semé d'embûches.

Lorsqu'il rencontre Konohamaru pour la première fois et que celui-ci lui affirme vouloir devenir *Hokage*, Naruto répond : « Ce n'est pas si simple que ça, figure-toi… C'est facile de dire que tu veux le titre de *Hokage*, mais si tu y tiens vraiment, alors… […] il faudra d'abord me surpasser[1] ! » Ces mots confirment une certaine conscience de la réalité du chemin qui le conduira à son rêve. Bien sûr, il ne peut anticiper les obstacles qui se dresseront devant lui, mais sa « rationalité » lui permet de garder les pieds sur terre. Puis, au fur et à mesure qu'il est accepté et reconnu par les autres, il en va de même pour son rêve ; parce qu'il réalise des exploits inattendus… Il s'en sort très bien contre Zabuza et Haku, il vainc Neji durant l'examen des *chūnin*, il parvient à arrêter Gaara – qui était incontrôlable et transformé en son *bijū*… L'opinion des ninjas à son égard change en fonction de ce qu'il accomplit, mais aussi grâce à ses compagnons qui le soutiennent. Iruka lui tend la main, Shikamaru l'accepte sans porter de jugement ; les parents interdisaient à leurs enfants de fréquenter Naruto à cause de Kyūbi, du passé… Naruto obtient ensuite le soutien et la confiance de Kakashi, de Jiraya, de Tsunade… C'est en faisant preuve de courage et de détermination en se battant à ses côtés contre

1. Masashi Kishimoto, *Naruto*, tome 1, traduit en français par Sylvain Chollet, Kana, 2002, p. 71.

Kabuto et Orochimaru qu'il obtient la reconnaissance de cette dernière, qui le considérait au départ comme un bleu. Tsunade est d'ailleurs l'une des premières personnes à croire vraiment au rêve de Naruto, puisqu'elle reconnaît en lui la volonté de son petit frère décédé, qui partageait la même ambition. Au départ, elle ne croit pas en lui et lui lance un défi : s'il réussit à maîtriser le *Rasengan* en l'espace d'une semaine, elle admettra sa capacité à devenir *Hokage* et elle lui donnera son précieux pendentif qui appartenait au premier *Hokage*. Naruto réussit le défi de la plus brillante des manières : en mettant hors d'état de nuire Kabuto lors du célèbre combat opposant Orochimaru et Kabuto à Tsunade, Jiraya et Naruto. Au fil des obstacles surmontés, de plus en plus de camarades marchent aux côtés du jeune Uzumaki et se battent pour l'aider à réaliser son rêve, à guider le monde ninja sur une voie inédite.

Naruto est un personnage optimiste, mais bien évidemment aussi, idéaliste. Cette facette de sa personnalité est inhérente à son ignorance. Lorsqu'il entre à l'académie, il ne connaît pas l'amour familial, l'amitié, le travail en équipe… Contrairement à Sasuke, il n'a pas idée du sentiment du deuil. Naruto n'a pas non plus connu la guerre… Tous ces éléments qui ne lui sont pas familiers lui permettent d'être « libre ». Il n'est pas bridé par les pensées de la société du monde ninja. C'est, entre autres, pour cela qu'il est souvent considéré comme un moins que rien, un enfant loufoque. Pour autant, s'il manque de certains attributs par rapport aux enfants de son âge, il connaît d'autres souffrances que jamais personne n'a vécues. Et ces souffrances, plutôt que de les subir davantage, il décide de les dompter comme il le peut. C'est là que le rêve entre en jeu. Car sans rêve, comment peut-il s'évader ? Comment peut-il espérer s'affranchir de cette vie insupportable ? Naruto est nourri par l'idéal que défend son auteur ; un idéal bienvenu dans un univers aussi froid et sanguinaire. Notre héros s'autorise à rêver et à croire à la possibilité d'un monde bâti sur la paix. L'optimisme et l'espoir sont ancrés dans sa personnalité. Ses traumatismes ont aussi suscité en lui un besoin de bonheur. Naruto veut être heureux sans entreprendre un chemin de destruction et, pour cela, il est prêt à faire tous les efforts possibles. Qu'il soit idéaliste ou simplement optimiste, sa volonté d'accéder à une nouvelle vie et d'apaiser le monde ninja le rend d'autant plus attachant.

L'ALTRUISME

LA TOLÉRANCE

« Ce monde de *shinobis* a été bâti par de vieux fous...
mais savoir que des personnes comme toi y ont vu le jour
me réchauffe le cœur[1]. »

Chiyo s'adressant à Naruto

L'une des plus grandes qualités de Naruto réside dans sa capacité à offrir une seconde chance à ses adversaires. Il pardonne à ses détracteurs ; les villageois de Konoha qui l'ont haï et rejeté. Malgré cela, Naruto ne prévoit pas de se venger de son affliction. Il choisit la revanche en prouvant sa valeur et en protégeant le village. Il n'est pas rancunier et c'est un élément essentiel, car la rancune occupe une place centrale dans cet univers. Lorsque Naruto sauve Konoha de Pain, il accepte l'adulation de la foule, sans éprouver la moindre animosité. Après tout, c'est tout ce dont il a toujours rêvé...

Naruto est aussi tolérant par sa capacité à ne pas condamner directement ses adversaires. Bien sûr, il faut nuancer ; il

1. Masashi Kishimoto, *Naruto*, tome 31, traduit en français par Sébastien Bigini, Kana, 2007, p. 154.

n'accepte pas leur façon d'agir et de penser, peu importe leur passé, mais il reste à l'écoute. Rappelons que le monde des ninjas est sans pitié ; rares sont ceux qui tendent l'oreille à leurs adversaires. Naruto méprise néanmoins la pensée de Neji à l'égard de Hinata, et ce pour plusieurs raisons. Au départ, le jeune Hyūga considère l'héritière du clan comme un être faible, une moins que rien. À ce moment précis de l'histoire, Hinata n'est pas douée, c'est vrai. Mais Naruto est capable de s'identifier à elle ; lui aussi connaît l'échec et le jugement des autres. Ce n'est toutefois pas une raison pour éprouver du mépris. En réalité, Neji n'en veut pas particulièrement à Hinata, mais plutôt à la branche principale, au système hiérarchique injuste du clan. Né talentueux, mais à la solde de la branche principale, Neji développe alors une pensée pessimiste. Il croit que tout est écrit à l'avance, que chaque individu ne peut échapper à son destin. Mais Naruto, qui lutte contre la vie qui lui a été imposée, ne peut accepter la pensée de Neji. Il ne cherche pas à le punir, mais à le raisonner. Quelle meilleure manière de lui prouver qu'il a tort qu'en le vainquant lors d'un combat en un contre un ? Naruto ne veut pas seulement remporter la victoire ; il tient à ouvrir les yeux à son adversaire, à lui démontrer qu'il fait fausse route.

Le jeune Uzumaki se montre également tolérant envers Gaara, qui est au départ présenté comme un personnage violent et haineux. Le village de Suna, ayant conclu une alliance avec Orochimaru pour envahir Konoha, a donné à Gaara la mission de faire un maximum de dégâts. Il est donc logiquement un ennemi. Mais en percevant en lui des blessures profondes, de la tristesse et de la solitude, à l'origine de son agressivité, Naruto décide de lui tendre la main. Il ne catégorise pas Gaara, ne le juge pas, au contraire, il se montre compréhensif et empathique, parce qu'il est en mesure de comprendre ses sentiments.

Le cas de Sasuke est un peu particulier. Lorsqu'il déserte le village, Konoha envoie une équipe pour le ramener. La désertion est considérée comme un crime grave, mais les hauts gradés ont conscience de l'influence d'Orochimaru sur le jeune homme. Au fil du temps, Sasuke s'enfonce davantage – et de son gré – dans les abysses. Il devient une menace sérieuse pour Konoha et pour l'équilibre entre les villages. L'opinion publique évolue ; Sasuke devient un ennemi. De son côté, Naruto reste fermement déterminé à le sauver. Pour lui, accepter l'évolution de Sasuke revient à admettre un terrible échec personnel. Naruto s'en veut de ne pas être parvenu à protéger son ami des mains d'Orochimaru. Le « Sasuke *genin* » était un bon camarade, capable de se sacrifier pour sauver Naruto (notamment face à Haku). Il n'exprimait pas ses sentiments, mais, au fond, il ressentait beaucoup de sympathie envers Naruto. Puisque Naruto a conscience de cela, il persiste à croire qu'il peut raisonner son camarade et l'aider à redevenir celui qu'il était autrefois… À long terme, cette abnégation va peser dans la balance ; Sasuke finira par remercier Naruto de ne l'avoir jamais abandonné.

Naruto se révèle aussi tolérant à l'égard de Nagato ; celui qui a ravagé Konoha et tué son maître Jiraya… En dépit de ces actes abominables, Naruto tient à écouter les motivations de Nagato. Il veut tenter de comprendre pourquoi il en est arrivé là. En écoutant son horrible histoire, il se met à ressentir de l'empathie envers lui. Il conçoit que la souffrance peut conduire l'être humain sur une voie obscure. Néanmoins, toujours fidèle à ses principes, il ne peut accepter de tels agissements, qui n'engendrent que davantage de conflits et de haine.

On retrouve le même cas de figure avec Obito. Malgré le chaos dont il a été à l'origine, Naruto lui pardonne. Le protagoniste a conscience de l'impact de Madara sur le chemin qu'il a emprunté. Mais plutôt que de le condamner, Naruto fait tout son possible pour le ramener à la raison.

Lorsque Naruto apprend par Mizuki qu'il abrite en lui Kyūbi et que les villageois lui mentent depuis toujours, il aurait pu sombrer, définitivement. Mais Iruka lui a tendu la main en l'acceptant pour de bon. Naruto a conscience que ce moment a été crucial dans sa vie. Il connaît donc parfaitement l'influence que peut avoir une main tendue vers son prochain. Ce geste, cette main tendue vers les autres, c'est sans doute le symbole le plus révélateur de la personnalité du personnage. Parce qu'il est reconnaissant du soutien de ses camarades, il donne lui aussi de l'espoir aux autres.

Naruto offre à ses adversaires une seconde chance, même s'ils ont déjà sombré et ont commis des crimes… Il croit profondément qu'ils peuvent se repentir et trouver la rédemption. Naruto n'est pas un bourreau. Il ne cherche pas à condamner, mais à aider. Sans cautionner les pensées et les agissements de ses adversaires, il comprend les raisons qui les ont poussés aux ténèbres. Les parcours sont différents, les circonstances aussi… Nombre de ses adversaires se sont retrouvés seuls dans leurs souffrances. Plus il rencontre d'individus qui ont sombré, plus il prend conscience de la rudesse du monde *shinobi*. Mais ce n'est pas parce qu'il les comprend qu'il accepte leurs actes. Il ne choisit pas de les punir par la violence pour autant. Tuer n'est même pas une option ! En principe, dans le monde ninja, ces criminels sont exécutés. Les adversaires repentis que Naruto a combattus ont connu une fin différente. Zabuza a choisi de mourir aux côtés de son ami Haku. Nagato a décidé de se sacrifier pour rendre aux ninjas et aux villageois de Konoha la vie qu'il leur avait prise. Enfin, Obito a puisé ses dernières forces pour vaincre Kaguya aux côtés de ses camarades. Les criminels qui sont toujours en vie après la Quatrième Grande Guerre Ninja ne sont pas exécutés. Kabuto, qui a sauvé la vie de Sasuke durant la guerre, s'occupe de l'orphelinat de Konoha. Orochimaru conclut un pacte avec les cinq grands villages pour être pardonné à condition d'être surveillé chaque jour par les *jōnin* de Konoha, dont Yamato. Sasuke est lui aussi pardonné pour ses crimes ; Kakashi, devenu *Hokage* après la guerre, y a été pour beaucoup. En fin de compte, la tolérance et l'indulgence sont de mise et on peut dire que Naruto y a grandement contribué. Il a considérablement influencé le monde ninja sur ce point ; une voie qui paraissait inenvisageable.

LEÇON N° 1

Inspirons-nous de la tolérance de Naruto ; soyons à l'écoute, acceptons les différences et forgeons des liens solides pour contribuer à éloigner le monde des conflits et de la discorde.

LA BIENVEILLANCE ET L'EMPATHIE

« La solitude et la souffrance qu'elle apporte,
le sentiment d'être incomplet, je sais ce que tu ressens
au point d'en avoir mal moi-même[1]... »

Naruto s'adressant à Gaara

L'altruisme de Naruto ne se limite pas à sa remarquable tolérance : il vise le bien et le bonheur des autres, tout en faisant preuve d'empathie. Puisqu'il ne se laisse pas brider par les codes et les règles ninja, Naruto n'est pas insensible aux souffrances de ses adversaires. Bien sûr, rien ne peut excuser certains agissements. Malgré un passé douloureux et des circonstances qui ont conduit ses adversaires à se venger de leurs peines, ils restent responsables de leurs actes. Tandis que la plupart des villageois considéraient Naruto comme un démon, le jeune Uzumaki est en réalité un grand sentimental. Ce n'est pas le seul ninja à ressentir de l'empathie pour un adversaire ; sur le champ de bataille de la Troisième Grande Guerre Ninja, Itachi,

1. Masashi Kishimoto, *Naruto*, tome 16, traduit en français par Sébastien Bigini, Kana, 2005, p. 62.

alors enfant, avait tenté de sauver un ennemi. Naruto est capable de se mettre à la place d'autrui, de percevoir ses souffrances ; ses actions restent fidèles à ses sentiments. Lui qui souhaite devenir *Hokage*, ses façons d'agir devraient être cohérentes par rapport aux intérêts de son propre village. Mais, au fond, il se révèle plus impliqué dans sa quête de faire évoluer le monde et d'instaurer la paix que de devenir *Hokage*, car il ne pourrait accepter de le devenir en cautionnant la violence de ce monde ninja. Parce qu'il a grandement souffert durant son enfance, il a la légitimité de pouvoir se montrer empathique face aux souffrances des autres. Il témoigne d'une compassion sincère devant la détresse de Gaara, puis de celle d'Obito ; Naruto fond d'ailleurs en larmes en écoutant le récit d'Obito lors de la dernière bataille de la guerre finale. C'est également le cas avec Nagato. Lorsque Naruto vainc les six corps de Pain, rien ne le rattache à Nagato, et pourtant, il décide de s'entretenir avec lui. Naruto ignore que son adversaire fut, lui aussi, un élève de Jiraya. Mais ce n'est pas ce point commun qui l'aurait motivé à vouloir le rencontrer. Cette décision, surprenante dans le monde *shinobi*, est uniquement personnelle ; elle est inhérente à un profond désir de briser le cycle de la haine. À ce moment précis de l'histoire, la victoire ou la défaite n'a aucune importance pour Naruto. Il tient simplement à tenter de comprendre les raisons qui ont poussé Nagato à agir ainsi. Sur le chemin, en route vers la cachette de son adversaire, Naruto est sermonné par Inoichi, *jōnin* important de Konoha. Celui-ci lui assure que le village ne traite pas avec de tels criminels et que la diplomatie n'a plus sa place. Pour lui,

Nagato doit payer, ni plus ni moins. C'est d'ailleurs ce que Naruto souhaite également, puisque Nagato a tué son maître et détruit le village; ses actes sont impardonnables. Tandis que Inoichi veut arrêter Naruto, Shikaku le laisse agir comme il l'entend. Naruto avait vaincu les six corps de Pain et sauvé Konoha. Il avait donc la légitimité nécessaire pour décider de la suite. Shikaku a été influencé par son fils, Shikamaru, fidèle ami de Naruto depuis leur plus jeune âge. Shikamaru avait d'ailleurs déclaré à son père: « Je pense qu'il est le meilleur atout du village. [...] il a un truc à part, ce bonhomme. Quand on le croise, on a envie de marcher à ses côtés[1]. » D'habitude, Shikamaru ne fait jamais de compliments. Shikaku, qui est un ancien du village et plutôt vieille école, décide d'agir différemment de ce qu'il devrait faire en temps normal. Il choisit de se fier aux sentiments de son fils et de faire confiance à Naruto.

Naruto est davantage tourné vers les autres que vers lui-même. Bien sûr, il reste un personnage parfois égocentrique. Plus tard dans l'histoire, il supplie le *Raikage*[2] d'épargner Sasuke – qui a capturé Killer Bee en s'alliant à l'Akatsuki. À ce moment-là, rappelons que Sasuke a attaqué les *Kage*[3] lors d'un sommet et qu'il est désormais considéré comme un criminel à abattre. Même Sakura, qui était amoureuse de lui, s'est résolue à accepter sa mort. Naruto se montre alors égoïste, puisqu'il tient à tout prix à imposer son désir.

---

1. Masashi Kishimoto, *Naruto*, tome 48, traduit en français par Sébastien Bigini, Kana, 2010, p. 21.
2. Chef du village de Kumo.
3. En plus du *Hokage*, du *Kazekage* et du *Raikage*, il existe le *Mizukage* (chef du village de Kiri) et le *Tsuchikage* (chef du village d'Iwa).

Néanmoins, cela ne signifie pas qu'il n'est pas en mesure de comprendre les sentiments du *Raikage*. Naruto reste cohérent avec ses actions précédentes. Il a pardonné à Nagato, qui a tué son maître et détruit son village. Il a mis sa haine et sa rancœur de côté pour le bien du monde ninja, parce qu'il veut rester à tout prix fidèle à la quête de paix que lui a transmise son maître, Jiraya. Persister à vouloir protéger la vie de Sasuke alors qu'il est devenu une menace pour les cinq grands villages révèle le côté égoïste que peut avoir Naruto. Mais cela reste cohérent avec sa ligne de conduite. Si le *Raikage* se vengeait sur Sasuke, il contribuerait au cycle de la haine et de la violence, qui n'engendre que davantage de vengeance.

La bienveillance est aussi une qualité notable qui contribue à la richesse de la personnalité de Naruto. Durant les premières batailles de la Quatrième Grande Guerre, Naruto, cible principale de l'ennemi, est caché à son insu sur une île par l'armée coalisée de *shinobis*, où il apprend à contrôler Kyūbi. Lorsqu'il découvre que la guerre a commencé, il s'inquiète grandement pour les ninjas qui se battent. Naruto décide, sans la moindre hésitation, de partir sur le front pour aider ses camarades. Il s'oppose d'ailleurs à Tsunade et au *Raikage* en forçant le passage. Puisqu'il est bienveillant et empathique, il ne peut accepter le fait de rester en retrait pour combattre uniquement durant la bataille finale. Qu'importent les raisons qui ont poussé l'Alliance à le cacher de l'ennemi, Naruto ne peut laisser ses amis et alliés, aussi bien de Konoha que des autres villages, lutter sans lui. Encore une fois, il s'oppose aux décisions prises par les hauts gradés. La générosité, Naruto en a aussi bénéficié. Il la découvre durant son enfance, après avoir passé de nombreuses années dans la tristesse et la solitude. La nourriture est un plaisir important dans la vie de Naruto ; lorsqu'il était seul, c'était son unique bonheur. Même s'il avait peu d'argent, l'odeur et le goût des nouilles instantanées le réconfortaient un tant soit peu. Au début de l'histoire, Masashi Kishimoto nous montre Kakashi et Hiruzen inspecter le petit studio de Naruto ; la plupart des produits alimentaires sont périmés. Alors, quand Iruka l'invite à manger son ramen préféré chez Ichiraku, il est au comble du bonheur.

Naruto connaît un autre moment de joie riche en émotions lorsque Sasuke et Sakura partagent avec lui leur *bentō*, durant l'épreuve des clochettes. Pour tester l'esprit d'équipe de ses élèves, Kakashi attache Naruto à un tronc d'arbre et avertit Sasuke et Sakura de ne pas partager leur repas, sinon ils seront recalés. Mais le ventre gargouillant de Naruto ne laisse pas indifférents ses camarades… Sasuke et Sakura prennent le risque d'être recalés pour partager leur nourriture avec Naruto. Ils font passer la générosité et l'empathie avant leurs objectifs personnels – rappelons que Sasuke devait à tout prix réussir l'épreuve pour devenir plus fort et poursuivre son objectif de venger son clan décimé. Comme l'a dit Shikamaru à son père, Naruto attire la sympathie. Cette action de Sasuke et de Sakura touche forcément notre héros. Ces moments renforcent le lien qui les unit. Naruto, qui n'a connu que peine et malheur pendant de nombreuses années, sait à quel point la générosité et la bienveillance sont bénéfiques et essentielles. Parce qu'il en a la conviction, il tient à les partager avec les autres, aussi bien avec des camarades qu'avec de parfaits inconnus.

LEÇON N° 2

Cultivons un cœur tendre, soyons reflet de bienveillance, et apportons l'éclat de notre empathie.

Le pouvoir des MOTS

« Jiraya m'avait passé le flambeau... il croyait en moi.
Et moi, je veux croire à ce en quoi croyait mon maître ! [...]
Voilà pourquoi je renonce à te tuer[1]. »

Naruto s'adressant à Nagato

Sa volonté de mettre un terme aux conflits par la voie pacifique est l'une de ses plus grandes qualités, et elle passe, entre autres, par le dialogue.

Dans *Naruto*, les mots jouent un rôle majeur dans l'avancée de l'intrigue et l'évolution des personnages. Ils permettent à ces derniers d'exprimer leurs émotions et leurs sentiments, de ne pas se contenter de l'introspection, car la solitude – aussi bien sentimentale que physique – influence leurs pensées, leurs choix et leurs actions ; en particulier les antagonistes. Naruto est un pacifiste convaincu qui privilégie le dialogue. Les mots sont une puissance à part entière. Dans le monde ninja, depuis des décennies, ils peinent à trouver leur place. Mais au fur et à mesure, ils ont davantage d'impact que la

1. Masashi Kishimoto, *Naruto*, tome 48, traduit en français par Sébastien Bigini, Kana, 2010, p. 93.

puissance physique, et Naruto y est pour beaucoup. Le jeune protagoniste n'est pas le premier à s'intéresser au dialogue. Avant même la fondation des villages et des infrastructures ninjas, Hashirama et Madara se sont liés d'amitié grâce à leurs discussions. Au cours d'une période violente où leurs deux clans respectifs se livraient à des batailles sanglantes, ils sont parvenus à se comprendre et à partager leurs rêves et leurs idées par la parole. Malheureusement, le contexte et la pression familiale ont fini par les rattraper. Ils ont été contraints de prendre part au conflit. Puis, lorsqu'ils sont devenus chefs de leurs clans, ils ont signé un armistice. Si cette guerre opposant Senju et Uchiha a pu prendre fin, c'est parce que Hashirama et Madara se sont entendus, grâce aux mots qu'ils avaient échangés autrefois. Naruto n'est donc pas le premier véritable « orateur », mais il est celui qui accorde le plus d'importance au dialogue. Peu importe à qui il a affaire, il n'est pas dans le jugement, mais plutôt dans la compréhension – sans pour autant tout cautionner aveuglément.

Parmi les lecteurs et les spectateurs, Naruto a évidemment des détracteurs qui lui reprochent son côté trop « idéaliste ». Ils surnomment même sa capacité à raisonner et à convaincre ses adversaires par la parole, le « blabla *no jutsu*[1] ». Au fond, l'attitude de Naruto est cohérente avec son enfance difficile. La solitude a grandement influencé sa personnalité. Il n'a pas pu s'exprimer avec les autres, faire

1. Dans la version originale de l'anime, certaines techniques portent l'appellation « *no jutsu* ». Par exemple, le *Multi-clonage* de Naruto s'intitule « *kage bunshin no jutsu* ». *Jutsu* signifie « technique » ou « art » et est précédé par la particule « *no* » (の). *Kage* signifie « ombre » et *bunshin* peut être traduit comme « son autre soi ».

part de ses sentiments... En discutant, autant avec ses camarades qu'avec ses adversaires, il comble le vide qu'il a en lui depuis son plus jeune âge. Que ce soit avant, pendant ou après le combat, Naruto cherche toujours à converser. Vaincre ses opposants physiquement renforce l'impact de ses mots. Qu'ils le veuillent ou non, ces derniers sont tous vaincus, alors il ne leur reste qu'à tendre l'oreille... Naruto ne débarque pas en clamant : « La violence, c'est mal ! » Il a conscience que personne ne naît « méchant » et que chacun de ses adversaires a été victime de malheureuses circonstances. Cette aptitude à privilégier l'écoute et le dialogue représente l'idéal de Masashi Kishimoto : la pacification du monde. Celle-ci passe évidemment par la parole, ne serait-ce que pour la compréhension et l'empathie, qui mènent sur la voie du pardon. Naruto est à l'écoute des autres, il tient à les comprendre. Ce n'est pas un idéaliste, pensant que le monde va trouver la paix facilement. Son maître Jiraya n'a d'ailleurs jamais vraiment réussi à trouver la solution à cette quête – si ce n'est faire confiance à son élève, parce que Naruto a quelque chose de spécial. Le jeune Uzumaki n'est pas dans le déni ; il sait que ce monde n'est pas épargné par les injustices, la rancœur et la violence. Il tend l'oreille, tout en restant fidèle à ses principes, à ses convictions et à sa voie. Il essaie tant bien que mal de raisonner et d'aider ses adversaires ; que ce soit Gaara, Nagato ou Obito, tous avaient un bon fond au départ. Naruto se sert de ses souffrances et du chemin lumineux qu'il a choisi, accompagné de ses camarades, pour tendre la main à ceux qui ont sombré. Il les invite à suivre sa voie, à croire à la possibilité de bâtir un monde pacifique, sans souffrance. Naruto lutte pour que l'Histoire ne se répète pas. À ses adversaires et camarades qui ont connu le désespoir, le mensonge et la malveillance, il leur offre de l'espoir, de la sincérité et de la bienveillance. Naruto tient à mettre un terme à la souffrance en restant connecté à la réalité – contrairement à Madara et Obito qui cherchent à l'annihiler en plongeant le monde dans une illusion, un rêve uniquement rempli de joie. La souffrance est à l'origine de la plupart des vengeances. Naruto a la légitimité de pouvoir agir comme il le fait. Il a souffert énormément, mais grâce à sa voie, à son envie de communication et au soutien de ses camarades – parce qu'il s'est ouvert aux autres –, il n'a pas choisi le chemin obscur de la vengeance et de la destruction.

Dès le début de l'intrigue, Naruto utilise les mots, et cela n'a rien à voir avec son manque de puissance. Jusqu'à la fin, même en disposant d'une force surhumaine, il continue de converser. Face à Zabuza, surnommé le « démon du brouillard », Naruto parvient, grâce à l'expression de ses émotions *via* la parole, à réveiller en ce « monstre sanguinaire » des sentiments enfouis depuis longtemps. Des sentiments que Zabuza lui-même ne soupçonnait pas… Celui-ci, connu dans le monde ninja pour sa froideur irrémédiable, considère les ninjas comme des armes qui ne peuvent avoir de sentiments. Il est d'abord insensible à la mort de son camarade Haku, puisqu'il le considérait comme son arme ; Haku lui-même avait accepté de vivre pour protéger son mentor. Mais Naruto est bouleversé par l'indifférence de Zabuza. Le « démon du brouillard » n'éprouve pas la moindre émotion devant le sacrifice de son camarade. Gatō, son employeur mafieux venu rendre des comptes, donne un coup de pied au corps de Haku. Naruto s'offusque encore plus de l'insensibilité de Zabuza, et ne peut retenir ses larmes. En se laissant guider par ses sentiments, il blâme son adversaire pour son manque d'empathie et de considération. Naruto lui rappelle à quel point Haku l'aimait et le respectait. Avant le combat, lorsqu'il ignorait que Haku serait son adversaire, il discute avec lui ; Haku témoigne sa volonté de servir Zabuza jusqu'à son dernier souffle. Parce qu'il est ouvert au dialogue, Naruto connaissait donc les sentiments sincères de Haku envers Zabuza. Il s'exprime en connaissance de cause : « Il a donné sa vie pour te protéger ! Il n'avait même pas de rêve à lui... C'est affreux de le traiter comme un vulgaire objet[1]. » Ces mots, accentués par l'émotion de Naruto, ont tout changé. Ils permettent à Zabuza de se redécouvrir et de prendre conscience de l'importance de Haku dans sa vie, de ce qu'il vient de perdre. Zabuza s'efforçait de considérer les ninjas comme des armes dénuées de sentiments. Grâce à la sincérité de Naruto, il finit par accepter les siens. C'est ainsi qu'il décide de finir ses jours aux côtés de celui qui avait toujours été là.

Les paroles que Naruto prononce également à Neji permettent à celui-ci de se libérer des pensées qui l'entravent. Konan est elle aussi sensible au discours de Naruto. Elle était présente lorsque celui-ci conversa avec Nagato. Tout comme son camarade, elle s'est mise à croire à l'optimisme de Naruto. Konan lui fit d'ailleurs ses adieux en lui adressant des mots pleins de sens : « Tu seras cette fleur tant espérée... cette fleur d'espoir qui ne se flétrit pas[2]. » Bien sûr, les mots ne sont pas une formule magique qui

1. Masashi Kishimoto, *Naruto*, tome 4, traduit en français par Sylvain Chollet, Kana, 2002, p. 93.
2. Masashi Kishimoto, *Naruto*, tome 48, traduit en français par Sébastien Bigini, Kana, 2010, p. 132.

fonctionne à tous les coups. Ils prennent davantage de sens et d'impact lorsqu'ils sont accentués par une émotion ou un sentiment sincère et juste. Naruto essaie tant bien que mal de raisonner Sasuke, mais il n'y parvient pas, car il ne peut comprendre ses sentiments. Néanmoins, il parvient à aider Gaara parce qu'il peut s'identifier à ses souffrances. Jusqu'à la mort de Jiraya, il ne connaît pas la douleur de perdre un être cher. Cette incompréhension a creusé un fossé entre Naruto et Sasuke. Ce n'est qu'en découvrant le deuil que Naruto est en mesure de le comprendre. C'est d'ailleurs parce qu'il connaît cette souffrance, et qu'il a conscience de l'importance du soutien de ses camarades, qu'il accepte de pardonner à Nagato. À ce sujet, la voie empruntée par Sasuke lui sert aussi d'indicateur ; la route qui mène à la vengeance ne suscite que davantage de souffrance et de chaos. Naruto découvre ce sentiment de vengeance, mais grâce à l'héritage de Jiraya, il contrôle sa rancœur. Face à Nagato, il n'est pas en mesure d'appréhender toutes ses peines. Nagato a souffert de guerres incessantes au cœur de son village. Naruto a grandi en période de « paix » ; il n'a aucune idée des dégâts psychologiques qu'engendre la guerre. Il parvient néanmoins à convaincre Nagato de retrouver le droit chemin grâce aux écrits de leur maître commun, Jiraya. Des mots qui réveillent Nagato ; celui qu'il était autrefois suivait, lui aussi, la quête de paix de Jiraya.

Vaincre physiquement et remporter des combats permet à Naruto de crédibiliser ses mots ; les « victoires » offrent davantage de poids à sa volonté de pacification. Naruto vainc ses adversaires, mais au lieu de les punir, il leur tend la main. Ses paroles, associées à ses actions, démontrent une sincérité qui bouleverse le monde ninja.

Cette volonté de résoudre les conflits par le dialogue est un trait fondamental de la caractérisation de Naruto. C'est ce que Masashi Kishimoto voulait dès le départ. Il ne s'agit pas simplement de dire que « la violence, c'est mal ». Il est surtout question d'empathie, d'écoute (écouter pour répondre), de compréhension, de compassion… C'est de la psychologie pure. Elle est indispensable pour aider ces adversaires à sortir des ténèbres, à retrouver la lumière perdue de vue. D'ailleurs, Kishimoto donne du fil à retordre à son héros. Nombre de ses adversaires lui reprochent d'avoir toujours la même rengaine ; une pensée constamment idéaliste. Mais Naruto se fiche du ridicule. Il ne condamne pas davantage ses adversaires à la souffrance. Au fond, ce sont des personnages qui avaient besoin de soutien dans leur détresse. Naruto cherche à comprendre ce qui a poussé ses adversaires à agir ainsi. Les mots lui permettent de bouleverser la vie d'un individu. En écoutant le récit de ses opposants, en discutant de leurs passés respectifs, Naruto parvient à adoucir leur ressentiment, leur rancœur… Sa volonté n'est pas de les vaincre, mais de les convaincre de retrouver le droit chemin. Au fur et à mesure, ses adversaires ressentent cet altruisme et cette bienveillance que Naruto s'obstine à imposer. Ils finissent par croire en lui et à sa voie basée, entre autres, sur le dialogue, l'altruisme et la paix. Naruto, grâce à la présence de ses fidèles camarades, reste lui-même tout au long de l'histoire. C'est lui qui change les autres, et non l'inverse. Ce que les autres reçoivent de Naruto, ils se mettent eux aussi à le transmettre. Le meilleur exemple est le discours de Gaara, juste avant la Quatrième Grande Guerre Ninja. Alors que les ninjas des cinq grands villages refusent de combattre ensemble, à cause du ressentiment et du passé,

Gaara parvient à les réunir grâce à des mots inspirés de son vécu et de la force spirituelle de Naruto. Cette persistance à résoudre les conflits par le dialogue et à trouver la paix est davantage ancrée à la réalité qu'au rêve. Naruto est attaché à la réalité. À la fin, il se bat d'ailleurs pour la protéger. Il ne cherche pas l'illusion ; il veut simplement faire évoluer le monde ninja.

LEÇON N° 3

Chaque mot prononcé peut être une étincelle de changement. Choisissons-les avec sagesse, car ils ont la capacité d'inspirer et de soigner, mais aussi d'attrister et de détruire.

Naruto se dévoue à autrui. Il surpasse l'égocentrisme qui le caractérise au début de l'intrigue. Il n'a pas peur de mettre sa vie en jeu pour aider son prochain, quitte à épuiser toutes ses forces. Son ambition de devenir *Hokage* est fidèle à la volonté de Hashirama, le premier *Hokage*, basée sur la bienveillance et l'altruisme. C'est un rêve qui lui permet de prendre sa « revanche », de prouver sa valeur, en montrant à ses détracteurs qu'ils ont eu tort de le rejeter. Bien que ce rêve soit au départ « égoïste », dans le sens où il lui permet d'attirer l'attention et d'obtenir la reconnaissance des autres, songer au titre de *Hokage* reste une volonté altruiste. Après tout, le *Hokage* est celui qui guide et protège le village de Konoha ; il se soucie des villageois. Naruto recherche l'harmonie. Il veut pacifier les relations entre les villages, encourager autrui à croire en sa voie fondée sur la bienveillance, la compréhension, l'espoir, la compassion… C'est un personnage aimant, reconnaissant et profondément inspirant. Il aide et protège les personnes dans le besoin, qu'elles soient proches de lui ou non. Il porte secours à Inari et sa mère lors de sa mission à Kiri, il risque sa vie pour se battre contre un Kabuto bien plus fort que lui afin de protéger une Tsunade tétanisée par le sang… Tous ces éléments sont des traits qui composent son caractère altruiste qui fait de lui, progressivement, un personnage aimé et estimé à sa juste valeur.

LA LOYAUTÉ

Rester fidèle à SES PROPRES VALEURS ET CONVICTIONS

« Un homme ne revient jamais sur sa parole ! Je tiendrai ma promesse. C'est comme ça que je conçois "mon" *nindô*[1] ! »

Naruto aux côtés de Tsunade, lors de son affrontement contre Kabuto

Tout au long de l'intrigue, Naruto reste fidèle à ses valeurs et ses convictions. En voici quelques-unes :

Ne jamais abandonner

Il n'abdique jamais, à la fois en combat physique et psychologique, peu importe les obstacles et les circonstances qui se dressent devant lui. Naruto reste aussi fidèle à son rêve de devenir *Hokage* ; il n'y renonce pas un seul instant.

1. Masashi Kishimoto, *Naruto*, tome 19, traduit en français par Sébastien Bigini, Kana, 2005, p. 95-96.

Protéger ses camarades

C'est bien connu, Naruto a beaucoup d'estime pour ses compagnons. Au début de la Quatrième Grande Guerre Ninja, en apprenant que l'Alliance l'a caché à l'ennemi, Naruto force le passage pour soutenir ses camarades sur le front. Même s'il a conscience de son importance sur l'issue de la guerre, il ne peut accepter de laisser ses alliés lutter sans lui.

Mettre fin au cycle de la haine et de la violence

Naruto est convaincu que tout le monde est en mesure d'aider son prochain. Il tient à aider ceux qui se sont égarés à retrouver le droit chemin, à réfléchir à leur rédemption. Par l'empathie, le pardon et l'espoir, il veut annihiler la rancœur, la haine et le désir de vengeance. Cela passe évidemment par le dialogue, car converser revient à se rapprocher de la vérité ; chaque personnage a une histoire différente. Son pardon envers Nagato démontre qu'il ne veut pas que le monde ninja soit davantage régi par la violence. Naruto dompte sa haine. Tout le monde mérite une seconde chance, une main tendue… C'est le premier pas vers le changement.

Ne pas porter de jugement hâtif

Naruto ne juge pas autrui sur son apparence ou son histoire. En tant que *jinchūriki*, il connaît le rejet, le mépris et le jugement des autres. La plupart des villageois ne voyaient en lui que son démon, Kyūbi. Ils ne faisaient pas la différence et associaient Naruto à l'attaque tragique de Konoha.

Puisque Naruto a connu cette souffrance, il sait à quel point juger quelqu'un sur son apparence ou son vécu, sans même apprendre à le connaître, est faux, et quelles conséquences malheureuses cela peut provoquer.

Naruto veut aider tout le monde, sans distinction. Nous l'avons vu, lorsque Sasuke est considéré par Kumo comme un criminel, Naruto supplie le *Raikage* d'épargner son ami. Lors de cette scène, Naruto s'agenouille devant le *Kage* sans se soucier de sa dignité. C'est une attitude osée et plutôt égoïste puisqu'il demande au *Raikage* de pardonner à Sasuke, qui avait attaqué son frère spirituel, Killer Bee. Tous les personnages n'ont pas la même perspective que Naruto, surtout pour un ninja de la vieille école comme le *Raikage*. Malgré cela, le supplice de Naruto reste cohérent avec ses convictions. Il veut protéger son ami – qui, à ce moment-là, ne « mérite » pas son dévouement – bien sûr, mais Naruto veut aussi éviter que davantage de sang ne soit versé. Lui-même a pu pardonner à Nagato, alors qu'il avait tué Jiraya. Naruto sait plus que quiconque que l'amour et l'amitié peuvent combler un vide affectif douloureux ou apaiser un ressentiment.

C'est un personnage qui possède une certaine fierté, mais il est capable de mettre sa dignité de côté. Au fil de l'intrigue, sa première préoccupation est d'aider les autres. Je me dois évidemment d'apporter une nuance : jusqu'à sa rencontre avec Itachi (ressuscité), Naruto croit qu'il obtiendra la reconnaissance de tout le village en devenant *Hokage*. Il a donc toujours en lui ce besoin de prendre sa « revanche ». Au départ, lorsqu'il n'est que *genin*, c'est ce qu'il attend surtout du titre de *Hokage*. Mais en grandissant, il est davantage porté vers les autres.

Naruto veut changer la société du monde ninja en partant de ses fondements. Tandis que les *bijū* sont réputés pour être des démons surpuissants, Naruto est convaincu qu'il peut se lier d'amitié avec eux ; sans se soucier du ridicule, encore une fois. Certains démons à queues se moquent de lui, mais Naruto ne se décourage pas, car il reste fidèle à ses convictions profondes tout en restant ouvert à l'évolution.

LEÇON N° 4

Comme Naruto, restons fidèle à nos valeurs et convictions. Suivons notre chemin, empreint de vigueur, d'authenticité et d'accomplissement.

L'importance de l'amitié et de LA CAMARADERIE

Dans *Naruto*, l'entraide est une valeur centrale. Elle ne sert pas seulement aux personnages à créer des liens, elle contribue aussi à l'avancée de l'intrigue et au changement progressif du monde ninja. Naruto est au départ individualiste puisqu'il a toujours été livré à lui-même, mais petit à petit, il prend conscience de l'importance du travail en équipe, de l'amitié et de la camaraderie. Ces valeurs sont indispensables à son développement positif. Naruto est fidèle, son entourage peut lui faire entièrement confiance ; c'est une qualité non négligeable dans un monde politique basé sur le conflit et le mensonge. D'ailleurs, le mensonge, Naruto en a longtemps été victime. Rappelons que les villageois de Konoha ont prêté serment pour cacher à Naruto les raisons de son oppression. Il aurait pu définitivement sombrer en apprenant la vérité, notamment la présence de Kyūbi en lui. C'est Mizuki, le professeur de l'académie, qui a tout révélé. Il explique à Naruto que tous les villageois le haïssaient terriblement. Mais grâce à Iruka, Naruto est resté sur le droit chemin. Son professeur s'est presque sacrifié pour le protéger, en reconnaissant haut et fort sa valeur et son existence. Cet événement a tout changé. C'est la première fois que l'amitié est entrée dans sa vie. Au départ, comme la plupart des villageois, Iruka méprisait Naruto. Lorsque Konoha fut attaqué par Obito, qui contrôlait Kyūbi, Iruka perdit ses parents. Il devint orphelin du jour au lendemain et souffrit de solitude des années durant. C'est Hiruzen qui lui ouvre les yeux au sujet du jeune Naruto. Iruka finit par comprendre que le jeune Uzumaki était lui aussi une victime ; il n'était en aucun cas responsable de la tragédie qui avait frappé le village. C'est en acceptant de comprendre cela qu'il put tendre la main à Naruto, avec sincérité. Minato, quatrième *Hokage* et père de Naruto, voulait que son fils soit considéré comme un héros, car il avait sauvé Konoha en recevant Kyūbi en lui. Néanmoins, les villageois ne l'ont pas perçu ainsi… Iruka a donc proposé son amitié et sa camaraderie à son jeune élève. Shikamaru a, lui aussi, pris la décision de ne pas cataloguer Naruto. Les parents empêchaient leurs enfants de le fréquenter, mais Shikamaru a choisi de voir au-delà, car ce rejet et ce mépris n'avaient pour lui aucun sens. D'ailleurs, Shikamaru et Iruka seront les premiers à réconforter Naruto après la mort de son maître, Jiraya.

La présence de ses camarades est essentielle. Naruto est déterminé et fidèle à ses valeurs et ses convictions, mais il reste humain. Face à Obito, après la mort de Neji et celle de nombreux autres camarades, il s'apprête à abandonner pour éviter qu'il n'y ait d'autres victimes, mais Hinata le réveille. Elle aussi fait partie des personnes qui le soutiennent avec ardeur. Elle lui permet de se relever en lui assurant que le sacrifice de Neji perdrait tout son sens s'il renonçait au combat.

Ses camarades se soucient de lui, et Naruto se soucie d'eux. Lorsqu'il se laisse entraîner par sa colère contre Orochimaru et qu'il se transforme en Kyūbi à quatre queues, Naruto blesse Sakura sans le savoir. Le lendemain, en l'apprenant, il s'en veut terriblement. La santé des siens est au centre de ses préoccupations. On le voit notamment avec Gaara ou Sasuke. D'ailleurs, pour Naruto, qui a grandi sans famille, l'amitié et la camaraderie sont inhérentes à sa notion de « famille ». Pour lui, la famille, l'amitié ou la camaraderie ne se limitent pas aux liens du sang ou à l'appartenance à un clan ou à un village.

LEÇON N° 5

Nourrissons les liens précieux de l'amitié et de la camaraderie, car ils sont essentiels à notre résilience et croissance personnelle.

LA SINCÉRITÉ

La sincérité est aussi une composante majeure de la personnalité attachante de Naruto. Elle contribue évidemment à la sympathie et à la confiance que les autres lui témoignent. Naruto n'a pas sa langue dans sa poche ; il est sincère, que ce soit pour blâmer et faire des reproches, ou pour encourager et exprimer sa joie. Il sait profiter de chaque bon moment, notamment lors des repas chez Ramen Ichiraku avec ses aînés.

La sincérité de Naruto, lorsqu'elle est liée à sa gentillesse, peut parfois lui apporter plus de pression que d'exaltation. Quand Sasuke déserte Konoha pour s'entraîner auprès d'Orochimaru, Sakura, en larmes, demande à Naruto de lui promettre de ramener leur camarade. Bien sûr, ramener Sasuke au village est pour lui indispensable. Mais la promesse faite rajoute une pression supplémentaire. Naruto n'a qu'une parole, alors il s'engage à tenir sa promesse. Il est sincère quant à son attachement envers Sasuke, et il croit sincèrement pouvoir le sauver des ténèbres. Tout comme il est persuadé de pouvoir se lier d'amitié avec les *bijū*. En gagnant l'amitié de Kurama (le vrai nom de Kyūbi), Naruto fait la paix avec ses traumatismes ; s'ouvrir aux autres l'aide autant que cela peut les aider eux aussi. C'est cette sincérité qui pousse les autres à marcher à ses côtés, aussi bien des alliés que d'anciens adversaires. Naruto n'est pas un robot pour autant ! Il est capable d'exprimer son empathie envers

Gaara, tandis qu'il est venu attaquer Konoha, mais lorsque Saï intègre « l'équipe 7 » à la place de Sasuke, l'amitié entre eux n'est pas aussi simple. Cette méfiance et distance envers Saï ajoute un côté réaliste à la personnalité de Naruto. Il n'est pas toujours tout feu tout flammes. Naruto est expressif, alors que Saï l'est très peu. C'est entre autres par l'expression de sa sincérité et de ses émotions que Naruto attire la sympathie et la confiance des autres, et il le sait. Alors, il est naturellement réticent à l'idée d'être proche de Saï, qui a pour habitude de ne pas exprimer ses sentiments et ses émotions. Si Naruto s'identifie aux souffrances de ses adversaires, c'est parce qu'il y trouve toujours un lien personnel. Il comprend les blessures de Gaara, car il a lui aussi souffert de la solitude et du traitement d'un réceptacle. Il est davantage attentif aux peines de Nagato lorsqu'il apprend qu'il fut l'élève de Jiraya. Naruto pleure en écoutant le récit d'Obito, un ancien ninja de Konoha qui avait, lui aussi, le rêve de devenir *Hokage* et qui a été victime de manipulation. En Saï, qui n'est pourtant pas son adversaire, Naruto peine à trouver des points communs. Saï n'a aucune notion de l'amitié et de ce qui anime Naruto. Mais en passant du temps à ses côtés, ce dernier comprend les circonstances qui l'ont poussé à être ainsi ; Saï, dénué d'émotions, a été conditionné par Danzô à accomplir des missions sombres en mettant de côté ses émotions. Naruto a été aussi privé de liens, mais personne ne lui a interdit de ressentir des émotions. Il ouvre cette porte à Saï, en lui montrant l'importance des liens qui unissent les uns et les autres. Grâce à Naruto, Saï s'ouvre à la compréhension des sentiments et des émotions d'autrui, et à l'expression des siens. Au fil du temps, leur amitié et camaraderie se développent et se consolident. Cette relation montre à quel point Naruto est capable d'inspirer les autres. Il permet à Saï de se développer en tant qu'être humain émotionnellement épanoui. C'est aussi en aidant les autres de cette manière qu'il contribue à l'évolution du monde *shinobi*. Un univers où les émotions sont à proscrire, car un ninja doit remplir sa mission pour le bien de son village. C'est ainsi que les ninjas pensaient depuis des décennies. Mais l'arrivée de Naruto a tout changé. L'évolution de ce monde sur une voie de paix, de compréhension, de dialogue et de compassion passe essentiellement par la sincérité. Et Naruto le démontre au fil de ses aventures ! C'est un personnage loyal, fidèle à ses principes, mais ouvert d'esprit et sincère. Il a grandi en préservant son authenticité et en s'accrochant à sa voie. Le chemin qu'il a parcouru n'aurait pas été possible sans la présence et l'aide de ses camarades. Ses aînés ont veillé sur lui, Kurama l'a largement soutenu… Naruto a aidé les autres et les autres l'ont aidé à leur tour : c'est un cercle vertueux pouvant être la clé pour mettre fin au cycle de la haine et de la violence.

LEÇON N° 6

À l'instar de Naruto, assimilons la sincérité à notre essence, à nos actes et à nos paroles, car elle est un pilier central de la solidité et de la pérennité de nos liens avec les autres.

LA DÉTERMINATION

Surmonter

LES ÉPREUVES DIFFICILES

« Moi, je ne veux pas savoir quel est le chemin le plus simple. Je veux apprendre à marcher sur un chemin abrupt[1]. »

Naruto s'adressant à Obito

Naruto est connu pour surmonter la peur et l'échec. Grâce à sa combativité, à son énergie, à sa persévérance et aux entraînements, il fait face au danger, à la souffrance, à la fatigue psychologique… Cette détermination est intrinsèquement liée à sa confiance en lui et à son optimisme. Naruto ne reste pas dans sa zone de confort. Il se relève en permanence, sans se laisser abattre par le moindre obstacle. Naruto échoue deux fois à l'examen final de l'académie. La deuxième fois, Iruka demande à ses élèves d'effectuer un clone – la technique de base. Tout le monde réussit à en réaliser trois, sauf Naruto, qui ne parvient même pas à en exécuter un correctement. Pour quelqu'un qui prévoit de

1. Masashi Kishimoto, *Naruto*, tome 68, traduit en français par Sébastien Bigini, Kana, 2015, p. 109.

devenir *Hokage*, être le dernier de la classe, en ne sachant pas faire de clone, est plutôt embarrassant… Le rêve peut aussitôt être considéré comme illusoire. Mais à force d'entraînement et de détermination, Naruto va justement réussir à faire du *Multi-clonage* sa technique phare, celle qu'il maîtrisera le mieux durant un long moment. L'échec le construit et le pousse à progresser pour atteindre ses objectifs. Le progrès est indispensable pour se rapprocher de son rêve, alors il s'entraîne sans relâche. Au début de l'intrigue, Kakashi entraîne ses trois élèves à grimper au sommet d'un arbre uniquement à l'aide de leurs pieds ; cela est possible grâce à une concentration de leur *chakra* dans cette zone. Sasuke, qui a un talent naturel, devient rapidement le rival de Naruto. Notre héros peine à grimper au sommet de l'arbre en raison des difficultés à contrôler le *chakra* de Kyūbi, mais il n'abandonne pas. Naruto se sert de sa rivalité avec Sasuke pour se motiver et alimenter sa persévérance. Après s'être entraîné avec acharnement toute une nuit, il parvient à atteindre le sommet de l'arbre en même temps que son camarade, pour sa plus grande fierté.

Quelques jours avant cet événement, « l'équipe 7 », composée de Naruto, Sasuke et Sakura, est missionnée à Kiri pour escorter et protéger Tazuna d'une bande de brigands. Sur le chemin, le groupe est pris en embuscade. Kakashi étant parti faire du repérage, c'est Sasuke qui s'occupe de la protection de l'équipe. Contrairement à son camarade, Naruto est paralysé par la peur. Il ne réagit pas et subit une coupure à la main par une lame empoisonnée. Lorsque Kakashi revient à temps pour se débarrasser de l'ennemi, il prend la décision de faire demi-tour et de rentrer au village pour que Naruto se fasse soigner. Mais le jeune Uzumaki ne veut en aucun cas être un fardeau ! Il ne peut accepter l'idée de ralentir le groupe. Naruto se plante soudainement un *kunai* dans la plaie et retire le poison. Il s'en voulait pour son impuissance et son retard sur Sasuke. Naruto a eu beau s'entraîner, en conditions réelles et dangereuses, il n'est pas parvenu à réagir tel que doit le faire un ninja. Néanmoins, plutôt que de se morfondre, il se sert de cet échec pour rebondir. Il fait alors le serment de protéger Tazuna et de ne pas rentrer à Konoha tant que la mission n'est pas accomplie. Il se promet également de ne plus se laisser pétrifier par la peur.

Naruto tire aussi sa force de ceux qui le sous-estiment et qui ne croient pas en ses capacités. Au départ, Tsunade se moque de lui et assure à Jiraya qu'il ne maîtrisera jamais le *Rasengan*. C'est en effet une technique difficile que seuls Minato, Jiraya et Kakashi maîtrisent. Mais à force d'efforts et de détermination, il réussit à l'apprendre et à l'utiliser. Kiba est aussi un personnage qui a longtemps sous-estimé Naruto. Les deux ninjas s'affrontent lors de l'examen des *chūnin*. Kiba le met à terre sur son premier coup et a l'arrogance de dire à l'arbitre que le combat est terminé. Il connaissait mal Naruto ! Ce n'était pas la première fois que le jeune Uzumaki se retrouvait au sol. Motivé par son rêve et se servant des expériences passées, Naruto se relève, plus déterminé que jamais. Il refuse de perdre et, surtout, d'être sous-estimé. L'affrontement n'est pas facile, mais Naruto réussit à vaincre Kiba, lui prouvant qu'il a eu tort de le rabaisser. Naruto parvient aussi à dompter ses démons. Il réussit d'abord à contrôler le *chakra* de Kyūbi, puis à faire la paix avec son passé et ses souffrances, ce qui lui permet de gagner l'amitié de son *bijū*, car il n'éprouve ni rancœur ni animosité. Naruto surmonte toutes sortes d'épreuves difficiles et encourage ses camarades et ses adversaires à en faire de même. Il est reconnaissant et il pousse les siens à surpasser leurs limites. Sa positivité et son optimisme sont largement bénéfiques.

Les épreuves difficiles qu'il rencontre ne sont pas seulement liées au courage ou à la force physique. Elles sont aussi et souvent morales et psychologiques. Le meilleur exemple est sa relation complexe avec Sasuke. Naruto fait tout pour le protéger de la haine et de l'obscurité. Il ne s'estime pas digne de devenir *Hokage* s'il est incapable de sauver son ami. Durant un long moment, il n'est toutefois pas en mesure de comprendre les sentiments de Sasuke. Naruto est né orphelin. Il n'a pu s'attacher à personne. Sasuke, lui, aimait vraiment ses parents et sa famille. Leur situation d'orphelin est très différente. Ils ont tous les deux souffert de la solitude, mais pas de la même façon. Sasuke a perdu, du jour au lendemain, tout ce qu'il avait et tous ceux qu'il aimait. Naruto ne peut comprendre ce sentiment, et c'est cette ignorance qui est à l'origine du fossé qui les sépare. Naruto le combat de nombreuses fois sans pour autant réussir à le convaincre de rester au village. C'est ce que Naruto voit de positif en Sasuke qui le pousse à croire que celui-ci peut devenir une bonne personne, un grand ninja de Konoha. Mais le jeune Uzumaki échoue à moult reprises. Plus le temps passe, et plus Sasuke s'enfonce dans les ténèbres. Lorsqu'il « rejoint » l'Akatsuki et qu'il attaque les *Kage* en plein sommet, les ninjas de Konoha se font une raison : il n'y a plus rien à faire pour le sauver. Sasuke est aussitôt inscrit sur la liste des criminels à abattre. Seul Naruto persiste à vouloir le protéger. Il est bien sûr têtu et naïf, mais cela fait partie de son caractère. Cette persévérance est liée à sa capacité à ne jamais renoncer. Depuis la désertion de Sasuke, Naruto fait tout ce qu'il peut pour le ramener au village. L'intrigue avance et les échecs s'accumulent, jusqu'à ce que Sasuke finisse par reconnaître ses torts et remercier son ami de ne l'avoir jamais abandonné. Qu'elles soient physiques, morales ou psychologiques, ces épreuves sont en partie surmontées grâce à une grande confiance en soi. La confiance en soi, Naruto n'était pas prédestiné à l'avoir... Comment peut-il avoir confiance en lui et en ses capacités avec un vécu aussi douloureux ? Tout simplement parce qu'il est tenace. Au fil de l'intrigue, il fait de ses souffrances une force. Encore une fois, la présence de ses camarades y est pour beaucoup, mais il a toujours eu une volonté de fer, même en affrontant la solitude. Son enfance l'a endurci, il a très tôt dû apprendre à se débrouiller seul. La confiance, Naruto l'entretient aussi grâce au bluff. Par exemple, on découvre dans un flash-back qu'un jour, face à Sasuke, il prétendait être serein, mais en réalité, il s'efforçait à croire qu'il était supérieur pour se rassurer et, surtout, pour ne pas se décourager. En grandissant, Naruto gagne en puissance, donc la confiance suit naturellement. Il faut aussi prendre en compte le côté « idéaliste » ou « trop enthousiaste » du personnage. Lors de l'examen des *chūnin*, face à Neji, personne ne donne Naruto vainqueur. Pourtant, même s'il a conscience de la puissance de Neji, il rejette l'idée d'être vaincu, surtout par un adversaire aussi méprisant. Naruto n'a pas oublié l'attitude de Neji envers Hinata. Il veut lui donner une leçon, mais aussi le libérer d'une pensée qui le retient prisonnier. La confiance en soi aide assurément à surmonter certains obstacles, mais différents facteurs y sont aussi pour beaucoup. Naruto est souvent motivé par son désir d'aider les autres plutôt que de les rabaisser et de les enfoncer davantage dans leurs peines.

LEÇON N° 7

Dans chaque défi se cache une occasion de grandir. Apprenons des échecs et des obstacles pour renforcer notre résilience.

Ne pas avoir peur de RÊVER GRAND

« Tant pis si je suis condamné à être aspirant
toute ma vie ! Je deviendrai *Hokage* quand même,
par la force de ma volonté[1] ! »

Naruto, lors de l'épreuve écrite de l'examen des *chūnin*

Naruto veut devenir le plus grand des *Hokage*, c'est ce qu'il déclare un soir à Iruka, devant son bol de nouilles. Son rêve est, au départ, animé par un besoin de reconnaissance. Puis, au fil du temps, protéger les autres devient le sens de son combat.

Au cours de l'intrigue, tandis que Jiraya affronte Orochimaru, Naruto se retrouve confronté à Kabuto. Tsunade, effrayée par le sang, est impuissante et vulnérable. À ce moment-là, Naruto et Tsunade sont encore en conflit. Le jeune Uzumaki ne supporte pas la *Sannin*, car elle s'est moquée de son potentiel et de sa détermination. Durant la première partie du manga, Naruto progresse essentiellement grâce à ceux qui le sous-estiment. En raison de son enfance, il a un esprit

1. Masashi Kishimoto, *Naruto*, tome 19, traduit en français par Sébastien Bigini, Kana, 2005, p. 92.

revanchard. Pas dans le sens où il tient à faire mal, mais plutôt pour prouver à ses détracteurs qu'ils ont eu tort de le rejeter ou de le sous-estimer. Kabuto est bien plus puissant que lui, mais Naruto ne renonce pas au combat. La fuite est pour lui inenvisageable, elle ne fait même pas partie de son vocabulaire ! Il affirme qu'il ne mourra pas avant de devenir *Hokage*. L'accomplissement de son rêve le motive à ne pas abandonner. Mais est-ce que ces mots et cette confiance suffisent pour réaliser ce rêve ? Dans le monde *shinobi*, la puissance est indispensable à la survie. Comment Naruto peut-il obtenir le titre de *Hokage* s'il ne fait pas preuve d'un minimum de raison ? C'est ce que Kabuto se demande. Il déclare à Naruto : « Tu n'es plus un enfant… Il vaut mieux réfléchir avant d'agir, savoir regarder la situation en face et fuir quand il le faut. […] tu risques d'y laisser la vie. Si tu meurs, tous tes rêves s'évanouiront[1]. » Selon lui, tout est simple pour les enfants. Et c'est cette simplicité d'esprit qui leur permet d'entretenir des rêves illusoires ou de faire des promesses absurdes. Cette ignorance de la réalité les aide à ne pas abandonner. Mais l'univers des ninjas est sans pitié. Nawaki, le petit frère de Tsunade, rêvait lui aussi de devenir *Hokage*. Il refusait de fuir et s'est finalement fait tuer sur le front. Naruto ne peut s'estimer digne de devenir chef du village s'il fuit le combat et abandonne ses camarades ; cela est inconcevable. C'est un personnage qui joint le geste à la parole. Naruto a des lacunes, mais son potentiel est immense. C'est ce qui le différencie des enfants trop rêveurs. Même s'il est moins fort que son adversaire, il va

---

1. Masashi Kishimoto, *Naruto*, tome 19, traduit en français par Sébastien Bigini, Kana, 2005, p. 92-93.

sans cesse trouver le moyen de s'en sortir ou de contrarier les plans de celui-ci. Naruto trouve toujours une issue, aussi surprenante soit-elle. C'est bien le seul ninja à vaincre ses adversaires et à les convaincre de retrouver le droit chemin... Il est parfois idéaliste, mais il s'endurcit en se confrontant à la réalité. Naruto écoute le récit de ses adversaires, s'identifie à leurs souffrances... Bref, il est unique, c'est certain. C'est d'ailleurs ce que Tsunade finit par remarquer. Au départ, elle reproche à Jiraya de monter la tête de Naruto en voulant lui enseigner le *Rasengan*. Tsunade sait que cette technique est extrêmement difficile à assimiler... Elle, qui a perdu son petit frère au combat, ne veut pas que les enfants soient piégés dans des rêves impossibles. Car oui, devenir *Hokage* est ce qu'il y a de plus difficile à Konoha. Mais tous les ninjas n'ont pas le même potentiel. Kiba veut lui aussi devenir *Hokage*, mais on comprend très vite que son rêve est futile. Naruto est spécial ; la présence de Kyūbi en lui, qui était au départ à l'origine de ses souffrances, devient un immense atout. C'est en voyant la ténacité et le courage de Naruto face à Kabuto, et la réussite de leur pari[1], que Tsunade réalise que le rêve de Naruto n'est finalement pas si utopique. Après tout, il est le fils de l'un des ninjas les plus puissants de l'Histoire – Kushina était elle aussi brillante. Pourtant, à ce moment précis, face à Kabuto, ce n'est pas ce qui alimente la détermination de Naruto, puisqu'il ignore l'identité de ses parents. Il ne pense pas non plus pouvoir un jour maîtriser son démon à queue ; c'est Jiraya qui lui donnera l'idée plus tard. Naruto entretient sa ténacité de

1. Tsunade avait parié son pendentif – son objet le plus précieux, hérité de son grand-père Hashirama, le premier *Hokage* – si Naruto parvenait à maîtriser le *Rasengan* en trois jours.

différentes manières. Ce qui est certain, c'est que pour lui, le doute n'a pas sa place, sans quoi il s'avouerait vaincu d'avance. Naruto accepte l'échec, mais il refuse la défaite. Il ne peut définitivement renoncer à un combat, aussi bien physique que psychologique. Ne pas se laisser parasiter par le doute lui permet de garder sa confiance intacte. Naruto n'a parfois pas conscience du côté idéaliste qu'il peut avoir, mais c'est ce qui lui permet de changer le monde ninja. Un personnage trop réaliste – et pessimiste – ne croirait jamais à la possibilité de pacifier le monde. La spiritualité de Naruto fait d'ailleurs un bien fou à Kakashi, qui était très pessimiste et pragmatique. Nagato était également conscient de la réalité. Il avait donc, lui aussi, une pensée pessimiste ; la pacification du monde ne pouvant s'obtenir sans une destruction totale. Mais Naruto a réveillé en lui celui qu'il était autrefois : le Nagato optimiste qui partageait les idéaux pacifiques de son maître.

Pour Naruto, son rêve de devenir *Hokage* deviendrait utopique le jour où il refuserait de croire en ses capacités et en la voie qu'il conçoit. Bien sûr, seul, il ne peut y parvenir. C'est d'ailleurs l'un des messages principaux de l'œuvre ; l'union est indispensable. Tous ces éléments sont à rattacher au rêve. Le problème, ce ne sont pas ces enfants rêveurs, mais la dangerosité de ce monde. Et pour espérer que celui-ci évolue dans le bon sens, Naruto doit continuer d'y croire. C'est une perspective proche de la pensée de son maître Jiraya. Naruto doit d'abord croire en la réalisation de son rêve. Et c'est en conservant cet état d'esprit qu'il peut espérer la pacification du monde. Encore une fois, en grandissant, il se préoccupe plus des autres que de lui-même. Mais il est important de rappeler qu'au départ, son rêve de devenir *Hokage* est alimenté par un désir de prendre une revanche personnelle. Il n'est pas né d'une volonté première de diriger et de protéger. Pour Naruto, l'entraide, le dialogue et la paix sont essentiels pour franchir les obstacles difficiles de la vie. Mais comment sa quête du pouvoir reste-t-elle en harmonie avec ses valeurs ? Le pouvoir est une responsabilité très souvent mal utilisée ; en témoignent les incessantes guerres qui rongent le monde ninja. Naruto sait qu'il ne changera pas. Ses camarades le soutiennent et veillent sur lui. Guider Naruto et s'assurer qu'il reste sur son chemin, c'est la principale mission de Kakashi. Naruto a des convictions, des principes. Il est prêt à mourir pour les défendre. Il a souffert, mais il a fait preuve d'une grande sagesse en pardonnant à ses détracteurs. C'est un personnage honnête, qui n'aime pas la manipulation et le mensonge. Naruto favorise le libre arbitre et la liberté. Il s'oppose à plusieurs reprises au comportement de certains *Kage* et hauts gradés. Devenir *Hokage* lui permet avant tout de réaliser son rêve, mais aussi de diriger avec sa vision et ses valeurs. En grandissant et en évoluant, il prend davantage conscience de la grandeur et de la portée d'un tel titre. C'est un statut qui lui donne du poids. Naruto devient *Hokage* parce qu'il obtient la reconnaissance et le respect de tous les villageois. Il ne veut pas que d'autres personnes connaissent ses souffrances et celles de ses aînés. En tant que *genin*, tout au long de l'intrigue, il parvient à changer ses adversaires ; mais le statut de *Hokage* lui permet d'aller plus loin. Devenir chef de Konoha est fondamental pour imposer davantage ses idéaux pacifiques. En privilégiant le dialogue et en remarquant et soulignant les idioties commises par certains villages – dont Konoha –, Naruto a toujours fait de la politique, dans une certaine mesure… Même en prenant conscience des responsabilités qu'engage un tel statut, il n'a cessé d'entretenir son rêve. Naruto n'a jamais eu peur de rêver grand. C'est une facette de sa personnalité qui enrichit grandement sa détermination. Cette quête de pouvoir et de responsabilité reste en phase avec ses valeurs et ses convictions.

LEÇON Nº 8

Ne craignons pas d'être ambitieux et audacieux. Nos rêves sont les fondements d'un parcours et d'un accomplissement étincelants.

LA BRAVOURE

« Par la douleur qui me lacère la main, je fais le serment de me servir de ce *kunai* pour protéger Tazuna[1] ! »

Naruto s'adressant à Kakashi, Sakura, Sasuke et Tazuna

Naruto est aussi un personnage brave au combat. Le courage est un des traits de son caractère qui contribue à son influence auprès des autres et à sa capacité à être inspirant. La bravoure alimente sa détermination.

Au début de l'intrigue, Iruka, qui vient de reconnaître la valeur de Naruto, est en difficulté contre Mizuki. Celui-ci est prêt à tout pour s'emparer du rouleau des techniques interdites – que Naruto a volé sous son influence. Puisque Mizuki est capable de tuer, Iruka ordonne à Naruto de s'enfuir. Mais, touché par la sincérité de son professeur, la première personne à l'estimer, Naruto fait preuve d'un courage admirable. Il porte secours à Iruka en activant pour la première fois le *Multi-clonage*. Lui, qui n'arrivait pas à faire un clone correct, a profité du rouleau pour apprendre à en faire mille ! Durant cette période, Naruto n'était même pas encore reçu à l'académie… Son niveau était bien inférieur

1. Masashi Kishimoto, *Naruto*, tome 2, traduit en français par Sylvain Chollet, Kana, 2002, p. 65-66.

à Mizuki, mais il a fait preuve de bravoure en risquant sa vie pour protéger son instituteur !

Autre exemple intéressant : le premier face-à-face avec Kyūbi. Un jour, en entraînant Naruto, Jiraya décide de le pousser dans une crevasse pour qu'il fasse appel au *chakra* de son *bijū* afin de s'en sortir. Naruto rencontre alors son démon intérieur ; celui qui est, entre autres, « responsable » de ses malheurs. Naruto a connaissance de la tragédie qui a ravagé le village le jour de sa naissance. Qui plus est, il fait face à un Kyūbi hostile. Le jeune ninja est, au départ, impressionné et craintif, mais il se reprend vite avec un vocabulaire bien à lui : « Hé, le renard mouillé ! Puisque tu crèches chez moi, je vais taxer ton *chakra*, en guise de loyer[1] ! » Pour survivre, il n'a pas le choix ; Naruto doit se confronter à son démon, et il le fera davantage au fil de l'intrigue, se servant de cette puissance dite « maléfique » pour en faire une force positive.

Naruto fait également preuve de bravoure contre le redouté Orochimaru. Dans la « forêt de la mort », au cours de l'examen des *chūnin*, il protège Sasuke d'une attaque de ce dernier. Tandis que son camarade est tétanisé par la peur, Naruto affiche un sang-froid et un courage remarquables, risquant sa vie pour protéger Sasuke.

S'il est considéré d'avance comme perdant face à Neji durant l'examen des *chūnin*, c'est encore plus le cas contre

1. Masashi Kishimoto, *Naruto*, tome 11, traduit en français par Sébastien Bigini, Kana, 2004, p. 102.

Kabuto – au cours du redoutable combat impliquant les trois *Sannin* légendaires. Tsunade somme Naruto de fuir pour survivre, mais celui-ci reste sur le champ de bataille et affronte son adversaire avec vaillance. Naruto ne courbe pas l'échine. Plusieurs circonstances renforcent sa détermination, sa bravoure… Il doit prouver à Tsunade qu'il est capable d'utiliser le *Rasengan*. Il veut aussi la protéger. En plus de ces raisons se cache une histoire personnelle avec Kabuto. Naruto a sympathisé avec lui lors de l'examen des *chūnin*, en réussissant une épreuve ensemble. Cependant, il a fini par découvrir que Kabuto était en réalité un espion à la solde d'Orochimaru. Naruto s'est senti trahi, lui qui a horreur du mensonge et de la manipulation. De surcroît, Kabuto se moquait de son rêve et estimait qu'il était trop naïf. Naruto avait aussi conscience de la mauvaise influence qu'Orochimaru pouvait avoir sur son ami Sasuke. Tous ces éléments l'ont poussé à se battre avec fermeté. D'ailleurs, lorsque Sasuke fait face à son frère Itachi et Kisame – dans le couloir d'une auberge –, Naruto, bien que conscient de la puissance démesurée de l'adversaire, n'hésite pas à recourir au *chakra* de Kyūbi. Sans l'intervention de Jiraya, le jeune Uzumaki aurait sans doute tout tenté pour protéger son ami ; il n'aurait fui en aucun cas !

Notre héros fait souvent preuve de bravoure, mais il sait aussi encourager ses camarades. Durant l'examen des *chūnin*, grâce aux encouragements de Naruto, Hinata s'efforce d'affronter Neji et de ne pas abandonner son combat, quitte à finir dans un piteux état… Néanmoins, elle est fière de s'être battue jusqu'au bout. Ce courage a été l'élément déclencheur de son évolution. Elle ressentait le besoin de se détacher de la « fragilité » que certains Hyūga lui reprochaient. À force de l'entendre, elle avait fini par en être victime. Mais Naruto lui a permis de se libérer des chaînes qui l'entravaient. D'ailleurs, face à Tendô[1], elle fait preuve d'un courage sans pareil. Sans son intervention, Naruto n'aurait peut-être pas vaincu son adversaire ; rappelons que les blessures infligées par Tendô à Hinata ont poussé Naruto à reprendre le combat.

Naruto se bat pour ses camarades, ses valeurs, ses convictions, mais aussi pour que ses adversaires retrouvent le chemin de la paix. La bravoure joue un rôle majeur dans l'accomplissement de ses prouesses, du début à la fin.

LEÇON Nº 9

Affrontons les obstacles avec courage, osons défier l'inconnu et domptons notre peur ; c'est dans les difficultés que nous découvrons la grandeur de notre force intérieure.

En se confrontant à ses difficultés, et aux épreuves de la vie d'un *shinobi*, Naruto gagne en pragmatisme, sans pour autant perdre le côté naïf et fleur bleue qui fait de lui un ninja aimé par ses pairs. Naruto se construit des bases solides aux côtés de ses compagnons. L'échec le fait grandir. En

1. L'un des six corps contrôlés par Nagato.

dépit de l'apparition de nouvelles souffrances, sa détermination reste intacte. Il surmonte tous les obstacles et reste fidèle à son rêve. Naruto est profondément inspirant, tant pour ses camarades que pour nous, lecteurs et spectateurs. Mais il se nourrit évidemment de l'expérience et des valeurs de son entourage. Son parcours nous apprend qu'il n'y a pas de raccourci pour réaliser ses rêves les plus fous – la détermination et la persévérance sont essentielles –, et qu'il n'y a pas non plus de honte à être ambitieux... Naruto a accepté que les autres l'aident à réaliser son rêve, car ensemble, la victoire est plus éclatante !

LA FLAMME
DE LA VOLONTÉ

L'héritage et l'enseignement DES AÎNÉS

« Le nom que je porte, cette volonté à toute épreuve...
et enfin toute la souffrance que j'ai endurée, c'est l'héritage
que j'ai reçu de mon maître et de mes aînés[1] ! »

Naruto s'adressant à Konan

Dans l'œuvre de Masashi Kishimoto, la transmission est une valeur cardinale. Les ninjas de Konoha sont animés et reliés par la « flamme de la volonté ». Cet héritage, transmis de génération en génération, consiste à veiller à la protection du village. Cette tradition sous-tend l'idée selon laquelle la population de Konoha représente une seule et même famille. Les plus jeunes, qui se doivent de respecter les anciens, reçoivent leur enseignement et le transmettent à leur tour en grandissant.

La première personne qui enseigne certains rudiments importants à Naruto, c'est son professeur, Iruka. Le jeune Uzumaki reçoit son enseignement à l'académie. Iruka est aussi le premier à lui tendre la main ouvertement. Dans une

1. Masashi Kishimoto, *Naruto*, tome 48, traduit en français par Sébastien Bigini, Kana, 2010, p. 131-132.

certaine mesure, Naruto apprend de lui à accepter les autres. C'est vraiment le point de départ de l'histoire. Malgré la mort de ses parents, tués par Kyūbi, Iruka a su faire la part des choses. Il a su reconnaître son élève comme il se doit et faire preuve d'empathie envers ses souffrances. Je n'exagère pas, face aux révélations de Mizuki et sans cette ouverture d'Iruka, Naruto aurait sans doute pris un chemin obscur. Iruka accompagne également son élève lorsqu'il découvre le deuil pour la première fois. Tandis que Naruto, assis seul sur un banc, fond en larmes en cogitant sur la disparition de Jiraya, Iruka s'assoit à ses côtés et lui donne les clés pour essayer de contenir la négativité et la tristesse. À ce moment-là, Naruto se reproche de n'avoir montré que ses mauvais côtés à son maître. Mais Iruka le rassure en lui assurant que Jiraya ne disait que du bien de lui, et qu'il le considérait comme son petit-fils… Son professeur lui atteste qu'il a hérité de la volonté de fer de Jiraya, et qu'il ne peut être que fier d'avoir été le disciple d'une légende du monde ninja. Iruka soutient à Naruto que son maître n'aimerait pas le voir déprimé. Notre jeune héros, à ce moment de l'histoire, avait encore tant à accomplir…

« Si un disciple construit son *nindô*[1] avec ce que son maître lui a légué, alors, je suis fier d'avoir été le tien[2] ! »

---

1. En japonais, « *nin* » (忍) signifie « endurance » et « *dō* » (道) signifie « voie ». Dans l'œuvre, « *nindō* » peut être défini comme la « voie du ninja ». C'est un terme en partie propre au personnage de Naruto. Son « *nindō* » est sa philosophie personnelle, sa conception du ninja.
2. Masashi Kishimoto, *Naruto*, tome 42, traduit en français par Sébastien Bigini, Kana, 2009, p. 58.

Cette phrase de Jiraya, pensée avant sa mort, révèle beaucoup de choses sur sa relation avec celui qu'il considérait comme son filleul. Jiraya transmet de nombreuses valeurs philosophiques à son élève. Avant tout, il apprend à Naruto à devenir plus fort. En s'entraînant à ses côtés, Naruto prend davantage conscience de l'importance des efforts et de la persévérance. Ramener Sasuke au village, devenir *Hokage* ou imposer la paix à ce monde sont des tâches bien plus difficiles qu'apprendre le *Rasengan* ou le contrôle du *chakra*. D'ailleurs, Jiraya le met très tôt en garde en lui conseillant de ne pas se faire trop d'idées sur Sasuke ! Lui-même n'était pas parvenu à ramener son camarade Orochimaru à la raison, et il en a beaucoup souffert. Jiraya tient à protéger son élève de cette souffrance. Pour lui, s'entêter à croire qu'il pourrait ramener Sasuke, qui est obnubilé par la haine et la vengeance, est une attitude idiote. Jiraya soutient l'idée qu'y renoncer est une forme de sagesse. « Si c'est cela la sagesse, je resterai un crétin pour le restant de mes jours[1]... » C'est ce que Naruto répond à son maître. Cette phrase réveille en Jiraya une forme d'espoir. Le jeune Uzumaki est prêt à accepter l'entraînement physique et l'enseignement philosophique de son maître, mais il a des convictions auxquelles il tient. Jiraya apprécie rapidement cette qualité de son disciple. Il n'est pas pessimiste ; ce n'est pas parce qu'il n'a pas réussi à sauver Orochimaru des ténèbres que Naruto est incapable de sauver Sasuke. Dans la philosophie de Jiraya, l'essentiel pour un ninja ne réside pas dans la quantité de techniques qu'il maîtrise, mais dans sa capacité

1. Masashi Kishimoto, *Naruto*, tome 27, traduit en français par Sébastien Bigini, Kana, 2007, p. 42.

à ne jamais abandonner. Naruto a toujours eu cet état d'esprit, et son maître l'a aidé à le renforcer. Jiraya a toujours cru en lui. Il l'a pris sous son aile très tôt, lui a permis de grandir, de devenir plus fort pour protéger ses camarades et se rapprocher de son rêve… En outre, ce que Naruto a surtout hérité de son maître, c'est sa quête de la paix. Jiraya connaissait évidemment la tragique enfance de son élève. Malgré la haine et le rejet subis, Naruto n'a jamais été épris de rancœur ou d'un désir de vengeance. Dans un monde rongé par le ressentiment, la haine et le mensonge, Naruto a toujours privilégié le pardon. C'est un trait de sa personnalité qui n'a pas laissé Jiraya indifférent. D'ailleurs, juste avant de rendre son dernier souffle, Jiraya était convaincu que son filleul était le véritable héros de son roman[1] : celui qui trouverait la réponse à la problématique de la paix et de la guerre. Jiraya a toujours cru en sa quête de la paix, malgré les différents revers subis. Même en découvrant que Nagato, l'élève qui l'a inspiré pour écrire son roman, avait sombré, il continue à croire à la voie pacifique – en faisant notamment confiance à Naruto. Même dans les moments les plus sombres, il ne faut jamais renoncer. Ces valeurs et cet enseignement ont aidé Naruto à renoncer à se venger de Nagato. Au contraire, en dépit d'un profond sentiment de haine, il a agi en restant fidèle à ses valeurs et à l'héritage de

1. Intitulé *Récits héroïques d'ermites shinobis*, ce roman est inspiré de la pensée de Nagato. Celui-ci, alors jeune adolescent et lassé des guerres, est déterminé à briser le cycle de la haine et à instaurer la paix. Conscient de la difficulté de cette quête, l'important pour lui est de garder la foi. Nagato déclare cela à son maître. Jiraya décide alors de nourrir le héros de son récit de la spiritualité de son élève. En regardant le *narutomaki* du ramen qu'il était en train de manger, l'ermite donna à son protagoniste le nom de « Naruto ».

son maître. En conservant cet état d'esprit jusqu'au bout, il parvient à mettre fin à la guerre, aux côtés de ses camarades, et à convaincre le monde ninja d'apprendre de ses erreurs et de tout rebâtir sur le dialogue, la compassion et l'entraide, pour espérer trouver une paix durable et générale.

Parlons maintenant du grand Kakashi *sensei*, qui exerce une influence majeure dans le cheminement de Naruto. « Je ne suis pas du genre à laisser les membres de mon équipe se faire assassiner[1] ! » Kakashi enseigne à Naruto l'importance de la camaraderie et de la loyauté envers les amis. Il apprend ces valeurs essentielles à un Naruto qui est, au départ, individualiste et égocentrique. La protection de son entourage proche devient au fur et à mesure une priorité. Kakashi lui enseigne également la valeur du travail en équipe et de la coopération. C'est une notion essentielle pour Naruto, qui souhaite devenir *Hokage*. Cet enseignement lui sera aussi d'une grande aide pour poursuivre la quête de paix de Jiraya. Dès sa première rencontre avec Kakashi, Naruto apprend que les camarades ont plus d'importance que les règles, les ordres ou les missions. Kakashi enseigne à ses élèves des principes fondamentaux basés sur ses échecs personnels ; trop souvent, il a mis les missions avant ses camarades et la solitude avant le soutien de ses amis. La valeur de l'amitié est cruciale pour Naruto, qui a grandi privé d'amour et de soutien familial. La transmission de Kakashi contribue grandement à sa considération de la « famille », qui ne se limite pas aux liens du sang. Kakashi veille sur Naruto et s'assure qu'il ne s'écarte pas de sa voie ; c'est sa principale

1. Masashi Kishimoto, *Naruto*, tome 2, traduit en français par Sylvain Chollet, Kana, 2002, p. 102.

préoccupation. Sa présence est indispensable dans l'accomplissement des prouesses de son élève ; lorsque Naruto termine son combat contre Nagato, Kakashi, ayant retrouvé la vie, surgit soudainement et le porte sur son dos avant qu'il ne s'évanouisse. Le *sensei* conduit ensuite son élève jusqu'au village ; un moment fort en émotions, où les villageois adulent Naruto pour la première fois.

Avancer aux côtés des siens est une valeur ancrée en Naruto. Et, même lorsqu'il perd de vue cet impératif, ses camarades sont là pour le raisonner. Durant un long moment, Naruto est persuadé d'obtenir la reconnaissance de tout le village en devenant *Hokage*, mais Itachi, qu'il croise en chemin, lui assure le contraire. Naruto est convaincu de pouvoir mettre un terme à la Quatrième Grande Guerre Ninja tout seul ; il veut endurer la haine de ses adversaires. À ce moment-là, Itachi le ramène alors à la raison. En acquérant beaucoup de puissance, Naruto a fini par oublier l'importance de ses camarades. Ce sont eux qui l'ont sorti de la souffrance, de la solitude et qui l'ont guidé jusque-là. Pour Itachi, la puissance n'est pas un motif pour tout vouloir endurer. C'est ce qu'il a appris de sa vie : vouloir tout encaisser seul mène à l'échec. Itachi sait que Naruto aspire au titre de *Hokage*. Il lui assure que c'est d'obtenir la reconnaissance des autres qui lui permettra de réaliser son rêve, et non l'inverse. Cette leçon aide Naruto à retrouver l'essentiel. Ce n'est pas seul, mais bien aux côtés de ses camarades qu'il peut poursuivre sa voie fidèlement et espérer changer le monde ninja.

Nagato lui ouvre aussi les yeux sur les réalités de ce monde. Son récit permet à Naruto de comprendre comment les souffrances, les conflits – et la manipulation – l'ont conduit à la haine, à la violence et au désespoir… Naruto prend conscience de la part de responsabilité de Konoha dans les malheurs de son adversaire. Mais le revirement de Nagato lui permet aussi de croire davantage en sa voie. Naruto réussit à « changer » Neji, Gaara, puis Nagato. Ces réussites lui donnent de l'espoir ; elles renforcent ses convictions et l'aident à poursuivre la quête héritée de son maître.

Naruto reçoit également un enseignement et un héritage précieux de Killer Bee, de son *bijū*, ainsi que de ses parents, Minato et Kushina. Face à Tendô, en voyant les blessures mortelles de Hinata, Naruto perd le contrôle. À deux doigts de rompre le sceau qui retient Kyūbi, il rencontre son père dans son esprit. Tandis que ses pensées sont désordonnées et qu'il subit tout ce chaos, Minato lui éclaircit les idées : il assure à son fils que, tant que le système ninja qui cultive la haine perdure, le monde ne peut connaître la paix. Minato reconnaît les fautes de Nagato, mais il explique qu'au fond, le véritable responsable est le système qui a engendré ce Nagato-là. Ce cycle de la haine et de la violence constituait la préoccupation principale de Jiraya. Mais Naruto ne peut pardonner à Nagato. En voyant les corps gisant au sol et le village détruit, il perd la confiance et l'espoir qui faisaient sa force. Il se demande comment réussir là où son maître et son père ont échoué… À ce moment-là, il est au bout du rouleau, et déclare être stupide et peu talentueux. Cette quête, cet héritage de Jiraya, lui semble soudainement beaucoup trop lourde à assumer. Minato endosse alors son rôle de père et témoigne toute sa confiance à Naruto. Il prononce les mots que son fils avait toujours eu besoin d'entendre. Naruto avait toujours manqué de l'affection et du soutien parental. Son père ravive en lui l'espoir et la détermination. En recevant son amour et sa confiance, Naruto peut renoncer à l'emprise totale de Kyūbi, vaincre Tendô avec maîtrise, puis convaincre Nagato de se repentir. Cet héritage des aînés, Naruto en fait sa force principale. Plus tard, tandis qu'il s'entraîne pour maîtriser totalement le *chakra* de Kyūbi, il rencontre sa mère, Kushina. Durant un court instant, ils rattrapent le temps perdu… Elle lui raconte son histoire et celle de Minato. Cette discussion fait le plus grand bien à Naruto. Sa mère, ancien réceptacle, l'aide à dompter la force de son démon ; un enseignement qui lui permet de contribuer avec grandeur à la victoire finale et « d'accomplir » la quête de paix héritée de ses mentors, qui ont toujours veillé sur lui.

LEÇON N° 10

Accordons une valeur et un respect sincère aux enseignements de nos aînés, car cette transmission est bénéfique pour évoluer, apprendre et s'élever.

Apprendre de **SES PAIRS**

Bien entendu, Naruto n'apprend pas seulement de ses aînés. Tant dans la lumière que dans l'obscurité, les différents parcours de ses camarades du même âge sont précieux dans son développement.

En étant témoin de celui de Sasuke, Naruto constate le chemin à éviter. En suivant sa voie vengeresse, Sasuke ne fait que renforcer sa haine, sa tristesse et intensifier ses souffrances. Sa cible est son frère, Itachi, mais il fait de nombreux détours, laissant derrière lui un sillage de sang. Sasuke fait souffrir le cercle proche de Killer Bee en s'attaquant à lui. Il rend aussi malheureux et anxieux son entourage direct, Naruto, Sakura et Kakashi. En s'attirant les foudres du village de Kumo, Sasuke contribue au cycle de la haine et de la violence, entraînant avec lui toujours plus de chaos. Son parcours joue un grand rôle dans le pardon de Naruto envers Nagato.

Neji lui montre le sens et la grandeur du sacrifice fait en totale liberté. Son parcours encourage Naruto à poursuivre sa voie. Il se sacrifie pour sauver Hinata et Naruto. Il choisit sa mort librement. Tandis qu'il détestait Hinata, il évolue grâce à Naruto et se résout à mourir pour elle et pour lui. À travers son sacrifice, il démontre sa foi envers ses camarades et envers les valeurs promues par Naruto.

Hinata contribue grandement au développement de Naruto. Elle est toujours proche et fidèle, du début à la fin. C'est elle qui ravive sa motivation avant son affrontement contre Neji lors de l'examen des *chūnin* ; elle l'encourage en permanence. Plus tard, lorsque Naruto est en difficulté contre Tendô et qu'il est abattu par son discours, Hinata intervient et lui apporte son soutien. Sans elle, Naruto aurait peut-être abandonné le combat par désespoir... En voyant son adversaire à deux doigts de la tuer, Naruto se laisse aveugler par sa colère. C'est ensuite Minato qui parvient à l'apaiser et à le motiver à terminer son combat dans le contrôle. Par la suite, lors de la dernière bataille de la guerre face à Obito, c'est Hinata qui permet à Naruto de ne pas renoncer. Naruto est, encore une fois, anéanti par les paroles de son adversaire, ainsi que par la mort de Neji et de ses autres camarades. Il s'apprête à s'avouer vaincu pour éviter davantage de morts, mais Hinata le réveille en lui assurant qu'abandonner rendrait vain le sacrifice de Neji et des autres. Elle permet à Naruto de reprendre ses esprits et de continuer la lutte pour la paix et pour ceux qui en ont fait leur combat.

Gaara est aussi un modèle de réussite pour Naruto. Le jeune Uzumaki prend encore plus conscience de l'importance de l'acceptation et de l'amitié en voyant à quel point la tristesse, le rejet et la solitude ont conduit Gaara au désespoir et à la brutalité. Lors de son combat contre lui, Naruto pleure, car il se reconnaît en lui. Tous deux ont eu une enfance similaire. Naruto réalise qu'il a pu rester sur une voie lumineuse grâce aux mains tendues de ses camarades, tandis que Gaara n'en a eu aucune. C'est la raison pour laquelle Naruto est le premier à lui tendre la sienne. L'évolution de Gaara lui sert d'indicateur sur l'impact que l'amitié et la compréhension peuvent avoir sur une vie. Elle encourage Naruto à poursuivre sa voie et à rester fidèle à ses convictions. Le parcours de Gaara lui donne beaucoup d'espoir. Alors qu'il était haï par les membres de son village, Suna, Gaara en est devenu le chef, qui plus est à un jeune âge... Comme quoi, rien n'est impossible! Néanmoins, Naruto réalise que le chemin qui le mène à la réalisation de son rêve est encore long. Il observe Gaara assumer sérieusement son rôle, en étant impliqué dans ses responsabilités tant au sein de son village qu'à l'extérieur. Le développement de Gaara permet à Naruto de nourrir le sien. Gaara a pu grandir en se nourrissant de certaines valeurs qu'il a apprises de son ami. Il parvient à trouver sa place à Suna et à diriger différemment des anciens *Kazekage*. Gaara montre indirectement à Naruto les qualités de leader qu'il doit avoir.

De son côté, Rock Lee influence Naruto tant c'est un compagnon inspirant. Il lui montre la valeur de l'effort. Rock Lee naît sans la capacité d'utiliser le *ninjutsu*[1] et le *genjutsu*[2]. Il est moqué par les enfants de son âge, qui lui répètent sans cesse qu'il ne peut devenir ninja sans ces compétences. Néanmoins, sa détermination innée se renforce considérablement grâce à sa dévotion pour son maître, Gaï, né lui

---

1. Ensemble des techniques des ninjas regroupant le combat, l'espionnage, ainsi que des compétences en médecine, chimie, psychologie, météorologie et astronomie.
2. Art de l'illusion. Dans *Naruto*, les cibles sont piégées dans une illusion, mais les blessures physiques ne sont pas réelles.

aussi sans ces facultés. Rock Lee se trouve un rival redoutable au sein de sa propre équipe, Neji, pour progresser. Durant l'examen des *chūnin*, il démontre sa puissance, le résultat d'un travail acharné. Son parcours enseigne à Naruto que la réussite ne dépend pas uniquement du talent naturel. Cela permet entre autres à Naruto d'avoir confiance en ses chances face à Neji. Rock Lee fait aussi souvent preuve de courage et de loyauté. Il protège Sakura lors d'une épreuve de l'examen des *chūnin*, dans la « forêt de la mort », alors qu'il n'a rien à gagner ; durant cette épreuve, chaque équipe doit survivre pour avancer dans l'examen. Il intervient également contre le puissant Kimimaro, disciple d'Orochimaru, pour permettre à Naruto de retrouver Sasuke. Rock Lee est affaibli par les blessures subies lors de son affrontement contre Gaara, mais il décide de soutenir son camarade. Il influence Naruto sur sa considération de la camaraderie, la valeur et l'importance de l'entourage. Naruto est également sensible à sa détermination et à sa persévérance, qualités indispensables pour surmonter les obstacles.

Finissons par Shikamaru, le premier véritable ami de Naruto. Il montre que les êtres humains ne sont pas tous les mêmes. Tandis que la majorité du village et des enfants rejette Naruto, Shikamaru se lie d'amitié avec lui. Des années plus tard, il lui apporte son soutien lorsqu'il souffre de la mort de Jiraya. Shikamaru a lui aussi perdu son maître, Asuma, et il est donc en mesure de comprendre les sentiments de son camarade. Alors que Naruto se morfond seul chez lui, Shikamaru l'aide en lui transmettant de précieux conseils et en partageant son expérience sur la façon dont il a surmonté la perte de son maître. Il l'emmène voir Kurenaï, enceinte, et assure qu'il a promis à Asuma – le père défunt de l'enfant – de prendre soin de lui. Shikamaru persuade Naruto qu'ils ont tous deux hérité d'enseignements et de valeurs inestimables et qu'ils se doivent de reprendre le flambeau. Shikamaru affirme que leurs mentors ont placé la barre haut, et que pour les égaler ou les dépasser, ils ont la charge de poursuivre leurs efforts. Ils doivent prendre leurs responsabilités à cœur et continuer leur chemin pour avoir, à leur tour, un héritage à léguer à la jeune génération ; c'est le cycle de la vie, la flamme de la volonté à Konoha. Ces paroles emplies de sens redonnent de l'espoir à Naruto qui est, comme toujours, reconnaissant du soutien inconditionnel de ses amis.

LEÇON N° 11

Cultivons l'humilité et nourrissons-nous du savoir et de l'expérience de nos pairs, car dans cet échange se trouve un enrichissement mutuel.

Transmettre à
LA JEUNE GÉNÉRATION

Si Naruto prend conscience de son rôle dans la transmission des valeurs qui relient et unissent les individus, il a en réalité très tôt eu cet esprit de « guide ». Lorsqu'il rencontre Konohamaru pour la première fois, il fait face à un jeune enfant insolent et agité. La plupart des villageois craignent d'être réprimandés s'ils contrarient Konohamaru. Toutefois, même en apprenant qu'il est le petit-fils du *Hokage*, Naruto ne se dégonfle pas. Loin de lui l'idée de courber l'échine ! Son attitude surprenante pique la curiosité du jeune Konohamaru, qui décide de l'observer discrètement pour en apprendre davantage sur lui. En sortant du bureau du *Hokage*, Konohamaru le prend en filature, mais Naruto le repère facilement. Konohamaru lui assure que la tâche n'a pas dû être facile. Ces mots, Naruto aurait pu les dire au même âge. Notre protagoniste reconnaît un enfant qui éprouve un besoin de reconnaissance. Il n'est pas insensible aux peines de ce jeune garçon. En discutant au pied d'un arbre, Naruto questionne Konohamaru sur les raisons de son hostilité envers son grand-père, Hiruzen. Konohamaru souffre de la façon dont les villageois le considèrent et le traitent : il n'est pas rejeté, au contraire, mais il est constamment perçu comme le « petit-fils du *Hokage* ». Personne ne l'appelle par son prénom ni le reconnaît pour lui-même, à sa juste valeur. Konohamaru a le même rêve que Naruto, vouloir devenir *Hokage*. Il souhaite y arriver le plus vite possible afin d'obtenir la reconnaissance de tout le village. Naruto assure néanmoins que ce titre est loin d'être facile à acquérir, mais il n'est pas condescendant pour autant. Il sait que devenir *Hokage* est une rude épreuve, mais sa détermination est si forte que pour motiver Konohamaru à prendre ce rêve au sérieux, il lui lance le défi de le surpasser. C'est une transmission importante ; l'importance de croire en ses rêves et en ses objectifs. Naruto le met toutefois en garde en lui assurant qu'il rencontrera de nombreux obstacles et qu'il connaîtra des périodes de tristesse et d'angoisse. Il lui explique avoir trouvé quelqu'un (Iruka) qui reconnaît sa valeur et qui l'accepte comme il est. Mais pour en arriver là, il a dû surmonter de nombreuses et pénibles épreuves. « Tu ferais bien de t'y résoudre. Si tu veux vraiment devenir le *Hokage*, celui que tout le monde respecte, la route sera longue ! Et il n'y a pas de raccourci[1] ! » Ces mots de Naruto, prononcés avec un sourire encourageant, resteront gravés dans la mémoire de Konohamaru pour toujours. Le jeune garçon trouve en lui un guide, un modèle à suivre, une source de motivation… Konohamaru admire Naruto, mais son orgueil le pousse à le voir davantage comme un rival que comme un *sensei*. Généreux, comme à son habitude, Naruto accepte cette rivalité en toute bienveillance. Il encourage Konohamaru à progresser sans se moquer de son ambition. Naruto est animé par une certaine fierté, mais l'idée de refuser d'être le rival d'un « petit » ne lui vient pas à

---

1. Masashi Kishimoto, *Naruto*, tome 1, traduit en français par Sylvain Chollet, Kana, 2002, p. 81-82.

l'esprit; il accepte tout le monde. Nombre d'enfants de son âge – voire des adultes – se seraient moqués de l'aspiration et des arguments de Konohamaru. Encore plus s'ils ne le voyaient pas seulement comme le « petit-fils du *Hokage* ». Mais Naruto le considère tout de suite à sa juste valeur. Il ne le juge jamais. Cette main tendue est un moment crucial dans la vie de Konohamaru. Naruto reconnaît sa valeur – pas pour sa force ou sa lignée, mais pour son esprit. En l'invitant à se « battre » pour le titre de *Hokage*, Naruto l'appelle d'ailleurs directement par son prénom. S'il agit ainsi, c'est parce qu'il a, lui aussi, souffert d'une situation similaire. Iruka l'a reconnu pour sa valeur, en criant avec fierté son nom et en le dissociant de Kyūbi et de la tragédie d'antan. Bénéficier d'un soutien sincère est essentiel pour construire ses bases, développer sa personnalité, trouver sa voie... Surtout à un si jeune âge.

Quelques années plus tard, Naruto décide d'enseigner à Konohamaru le *Rasengan*. C'est un héritage fort, qui témoigne du lien qui les unit. Si Jiraya transmet cette technique à Naruto, c'est parce qu'il a confiance en lui et en son potentiel. La transmission d'une technique secrète et puissante est un risque pour l'enseignant. Il doit avoir une confiance absolue en son élève et en ses valeurs. Durant l'attaque de Nagato sur Konoha, le chaos règne. Les jeunes ninjas de la trempe de Konohamaru ont le devoir d'assurer la protection de la population. Le combat est réservé aux ninjas de niveau supérieur. Caché derrière un mur, Konohamaru est effrayé en voyant l'adversaire tuer aisément des ninjas de classe moyenne. Après tout, il s'agit de l'attaque la plus dévastatrice que Konoha a connue. Konohamaru n'a ni l'âge requis ni la puissance nécessaire pour engager un affrontement direct. En tentant de s'éloigner, il fait du bruit et alerte l'adversaire. Son professeur, Ebisu, surgit pour lui laisser le temps de fuir. L'ennemi réclame aussitôt des informations sur la position de Naruto, car il le cherche pour lui extraire Kyūbi. Ebisu prononce alors quelques mots sur le jeune Uzumaki. Le professeur avoue qu'il estimait au départ que Naruto exercerait une mauvaise influence sur Konohamaru, qu'il menacerait son rêve de devenir *Hokage*. Mais il s'est rendu compte qu'il était dans l'erreur. Ebisu affirme que Naruto ne s'est jamais découragé malgré ses souffrances. Grâce à sa joie de vivre et à sa ténacité, il a surmonté un grand nombre d'obstacles... Ebisu assure que Naruto a eu une influence positive sur Konohamaru. Le professeur ne révèle rien à l'ennemi, car Naruto fait partie de la grande famille qu'est Konoha. Tandis que la vie d'Ebisu ne tient qu'à un fil, Konohamaru repense aux mots que Naruto lui avait prononcés autrefois, l'invitant à s'affronter pour leur rêve commun. Pour Naruto, fuir et abandonner son professeur serait impensable. En se comportant ainsi, il ne s'estimerait jamais digne d'obtenir le titre de *Hokage*. C'est un état d'esprit qu'il a transmis à Konohamaru. Comme l'a dit justement Kabuto, nombre d'enfants se sont laissé aveugler par leurs rêves et sont morts au combat. Mais Naruto ne remplit pas la tête de Konohamaru de préceptes idéalistes. En lui enseignant le *Rasengan*, il lui transmet une force phénoménale. Tout comme Jiraya a transmis à Naruto cette technique pour qu'il puisse se défendre ou protéger un être cher, Naruto a fait de même pour Konohamaru. Celui-ci prend alors son courage à deux mains et intervient pour sauver Ebisu. Lorsque le professeur, furieux, demande pourquoi il ne s'enfuit pas, Konohamaru répond: « Avec lui pour rival je ne peux pas choisir la fuite ! Car ce n'est pas au bout de ce chemin que je pourrai retrouver Naruto[1] ! » Contre toute attente, Konohamaru parvient à sauver son professeur en vainquant son adversaire grâce au *Rasengan* hérité de son modèle.

Naruto a tendu la main à Konohamaru et l'a, ainsi, invité à suivre ses pas. Il l'a mis en garde sur les obstacles qu'il devra surmonter et lui a transmis l'importance de croire en soi et en ses rêves, ainsi que la valeur du courage, de la protection, de la détermination et de l'effort. Konohamaru a reçu un héritage précieux qu'il pourra transmettre à son tour, au moment venu. C'est ainsi que le flambeau se transmet de génération en génération. Cette « flamme » qui relie les membres de Konoha est un symbole fort de la philosophie de l'œuvre et de l'unité à laquelle Masashi Kishimoto est attaché.

Naruto transmet également beaucoup d'enthousiasme et d'espoir au jeune Inari. Au début de l'intrigue, Naruto et ses camarades partent à Kiri pour escorter et protéger Tazuna, un charpentier menacé par la mafia locale. Inari, son petit-fils, est hostile aux ninjas de Konoha, et particulièrement à Naruto. Il souffre toujours de la mort de son père, autrefois considéré dans ce village de pêcheurs comme un héros. Un jour, le chef de la mafia a fait tuer son père pour asseoir son autorité. Depuis, Inari estime que les héros n'existent pas et que se battre est peine perdue. Au cours de la mission, Naruto, attaché aux préceptes héroïques, le protège d'une attaque, le persuadant que les héros comme son père existent

1. Masashi Kishimoto, *Naruto*, tome 46, traduit en français par Sébastien Bigini, Kana, 2010, p. 81.

bel et bien. Ce jour-là, Inari retrouve sa fougue et décide de reprendre le flambeau de son père ; se battre pour protéger son village devient alors son ambition.

Cet héritage est évidemment une transmission positive. Il ne doit pas être un fardeau trop lourd à porter. Chaque individu doit être en mesure de s'inspirer de ses aînés et de ses pairs pour se forger sa propre identité et enrichir sa personnalité. Cette transmission est une aide au développement personnel.

Dans *Naruto*, les valeurs d'un ninja ne se restreignent pas à son héritage ou à son passé. C'est bien ce qu'il aura accompli toute sa vie, jusqu'à sa mort, qui le définira. Les jeunes ont, eux aussi, des valeurs à transmettre et à apprendre aux anciens. Naruto a beaucoup apporté à Jiraya et à Kakashi, et ses mentors lui en ont toujours été reconnaissants. Au fil du temps, le ninja imaginé par Masashi Kishimoto apprend et transmet, dans l'humilité et l'acceptation. Dans *Naruto*, la transmission est une vertu à grande portée philosophique, qui est au cœur de la construction des personnages et des relations qu'ils entretiennent les uns envers les autres.

LEÇON N° 12

Transmettons notre savoir ainsi que celui de nos aînés et de nos pairs à la jeunesse. Cette transmission fait office de pont entre les générations, nourrissant ainsi le cycle de la vie.

CONCLUSION

Que retenir du parcours de Naruto ? À vrai dire, beaucoup de choses…

Naruto sait se montrer « badass » ; en témoignent son entrée spectaculaire face à Tendô ou son sauvetage de Sakura contre Sasuke. Mais il n'est pas toujours bon au niveau du timing… Naruto se retrouve quelquefois impuissant : lors de la mort de Neji et de Jiraya, ou du sacrifice de Sasuke, encaissant les aiguilles de Haku à sa place… Naruto n'est pas un surhomme ! Il connaît des désillusions, qui compensent son côté idéaliste. Il grandit et apprend en s'inspirant des siens et des échecs rencontrés. Naruto a conscience des injustices, de la rancune et de la violence qui rongent le monde ninja… Mais il ne juge pas ses adversaires. Il ne les catégorise pas, au contraire, il tend l'oreille et évolue tout en restant fidèle à ses convictions.

Naruto n'utilise pas de rhétorique complexe pour convaincre ses adversaires de retrouver le droit chemin. Il se base sur ses sentiments, ses émotions et son vécu. Parfois, il n'est pas en mesure de comprendre ses opposants, mais il n'abandonne pas pour autant. Comme le dit Shikamaru, les personnes qui le rencontrent ont envie de marcher à ses côtés. Et plus elles franchissent des obstacles auprès de lui, plus elles ont envie de continuer et de l'aider à poursuivre son *nindō*.

Le parcours de Naruto révèle aussi l'importance de la lutte contre le destin et de l'émancipation, qui sont fondamentales à l'accomplissement personnel d'un individu. Naruto fait preuve d'une humanité sans égale, d'une grande ouverture d'esprit, à la fois inspirante pour les autres personnages et pour nous. Il pousse autrui à ne pas stigmatiser ou à ne pas avoir de préjugés et les communiquer. Il tient à ce que tout le monde soit en mesure de voir au-delà des frontières, sans ressasser le passé et la rancœur.

Naruto a eu un impact majeur dans l'unification du monde ninja. Il s'est confronté à ce monde rigide et l'a marqué de son empreinte. Il est parvenu à devenir *Hokage* en ayant obtenu la reconnaissance de tous. Grâce à ses efforts et au soutien inconditionnel de ses camarades, le dernier de l'académie, injustement haï et rejeté, s'est érigé en héros adulé, respecté et admiré. Cette réussite, il la doit beaucoup à sa « famille », à celles et ceux qui lui ont tendu la main, et qui ont veillé à ce qu'il garde les pieds ancrés sur son chemin. Naruto s'est battu pour venir en aide aux autres et pour protéger son entourage. Aux côtés des siens, il a bouleversé le monde ninja et il est parvenu à faire disparaître les préjugés de ceux qui l'opprimaient autrefois. C'est sa plus grande victoire.

Naruto nous transmet de nombreuses valeurs importantes. Son cheminement nous montre l'importance de la loyauté, de rester fidèle à soi-même, de croire en soi, de ne pas avoir peur de rêver grand et d'afficher son ambition. En grandissant, Naruto ne craint plus le regard des autres. Il accorde une grande estime à son entourage et il est reconnaissant pour son soutien. Sa considération de la notion de « famille », ne se limitant pas aux liens du sang, est très touchante. Son parcours nous montre également l'impact que peut avoir une main tendue. En étant attaché à ses valeurs, à la tolérance, au dialogue, au pardon, à la persévérance et à la transmission, Naruto a atteint l'épanouissement. Ce personnage, si inspirant à mes yeux, nous donne toutes les clés pour poursuivre nos rêves les plus fous, sans craindre les obstacles et les échecs rencontrés, qui sont essentiels pour grandir et accroître notre vigueur.

L'œuvre de Masashi Kishimoto traverse le temps. Toute la richesse philosophique, spirituelle et psychologique qui constitue son héros, contribue à faire de lui l'un des personnages de manga les plus populaires et adorés, et ce par diverses générations. J'aimerais terminer cet ouvrage par des mots forts, prononcés par Naruto. Ces mots revêtent une grande signification pour moi, à la fois en ce qui concerne la personnalité du jeune ninja et les valeurs remarquables que Masashi Kishimoto a tenu à instiller à son œuvre.

« Moi, je ne sais pas écrire comme le faisait Jiraya… mais je sais que, si le héros se met à changer, ce n'est plus la même histoire. Ça devient une œuvre différente de celle qu'a laissée le maître. Et le héros ne pourra plus s'appeler Naruto. Alors, je n'ai pas le choix. La suite de cette histoire, je ne peux l'écrire qu'avec mes actes et mes choix, qu'avec ma vie. Et quelles que soient mes peines, j'irai de l'avant. C'est ça, Naruto[1]. »

Naruto s'adressant à Nagato
et tenant à la main le roman de leur maître Jiraya

1. Masashi Kishimoto, *Naruto*, tome 48, traduit en français par Sébastien Bigini, Kana, 2010, p. 109-110

À QUEL PERSONNAGE DE *NARUTO* RESSEMBLEZ-VOUS ?

Après avoir plongé au cœur de l'univers de Naruto et maîtrisé les subtilités des personnages qui l'entourent, il est temps de découvrir quel ninja de Konoha reflète le mieux votre propre essence. Rassurez-vous, il n'y a ni bonne ni mauvaise réponse, car chaque personnage apporte sa propre richesse. Préparez-vous à vous aventurer dans cette quête introspective, où chaque choix révèle un aspect unique de votre personnalité. Que l'aventure commence !

1) L'Académie ne sera bientôt plus qu'un vague souvenir dans votre vie de ninja. Votre professeur vous convoque dans son bureau pour faire un point sur votre année avant l'examen. Selon vous, que pourrait-il dire sur votre attitude en classe ?

A. « Vous êtes attentif, studieux, donnez toujours le meilleur de vous-même dans vos études. Même vos camarades vous apprécient. C'est très bien ! »

B. « Être en classe c'est bien, mais écouter le cours c'est mieux. Essayez de mettre toute cette énergie à faire des bêtises dans vos entraînements, et vous pourrez peut-être réussir l'examen. Il faut se ressaisir ! »

C. « Félicitations pour votre sérieux. Cependant, vous gagnerez à sociabiliser un peu plus avec vos camarades en dehors de la salle de classe. »

D. « Vous ne le savez probablement pas, mais vous avez les capacités de réussir. Vous pouvez faire mieux. Ayez confiance en vous et ne vous laissez pas abattre ! »

2) Aujourd'hui est un grand jour. Votre première mission en tant que ninja est sur le point de commencer... mais vous êtes en retard ! Votre *sensei* et vos coéquipiers vous attendent à l'entrée du village. Comment réagissez-vous ?

A. Vous avez très peur de vous faire sermonner et, malgré votre grande timidité, vous tentez de rester calme. Vous vous excusez et voyez que personne n'est fâché contre vous... ouf !

B. Intérieurement, vous ne manifestez aucun regret, mais vous vous excusez par politesse. Après tout, cette mission, ce n'est rien en comparaison des projets de longue date que vous avez en tête.

C. Vous trouvez une excuse absurde, puis vous passez vite à autre chose, comme si de rien n'était.

D. Vous essayez de les convaincre en leur disant que vous vous entraînez depuis des heures chez vous pour cette mission (personne n'y croira, et non, montrer vos muscles et arriver essoufflé n'y changera rien...).

3) Vous êtes en mission depuis une semaine et vos camarades n'arrêtent pas de se disputer. Que faites-vous ?

A. Vous tentez de les arrêter en dialoguant, puis vous entrez dans le conflit ; votre patience a ses limites !

B. Vous essayez de les arrêter gentiment, mais votre voix ne se fait pas entendre.

C. Vous les sermonnez, car en plus de mettre la mission en péril, leur brouhaha met tout le groupe en danger.

D. Vous les laissez se débrouiller entre eux… Ça finira par passer.

4) Vous avez besoin de vous détendre après une lourde mission. Où allez-vous ?

A. Dans une source d'eau chaude.

B. Vous ne vous accordez aucun répit. Pour vous rapprocher de votre objectif, vous devez vous entraîner encore et encore.

C. Dans un endroit calme, peu importe lequel tant que vous pouvez méditer ou avez de quoi lire sous la main.

D. Dans un parc, où le parfum des fleurs vous apaisera.

5) Vous vous apprêtez à repartir en mission, mais c'est bientôt l'anniversaire de votre ami.e/de la personne que vous aimez. Étant dans la même équipe que vous, vous pourrez lui offrir un cadeau le jour J. Quel serait, pour vous, le présent idéal ?

A. Un livre (nous vous conseillons de ne pas offrir la série *Icha Icha* – romans de Jiraya – à l'élu.e de votre cœur).

B. Une écharpe tricotée à la main.

C. Une invitation chez Ramen Ichiraku dès votre retour.

D. Vous n'êtes pas du genre à offrir des cadeaux… Un « Joyeux anniversaire » suffira.

6) Vous avez la possibilité de choisir un animal ninja comme partenaire. Lequel préférez-vous ?

A. Un faucon

B. Un chien

C. Un crapaud

D. Un lion

7) Votre *sensei*, qui vous a tout appris, part à la retraite. Vous êtes donc chargé de prendre sa place et de vous occuper de la formation de la nouvelle génération de ninjas. Quelle est votre approche ?

A. Vous les poussez à prendre conscience de la force de l'esprit d'équipe.

B. Vous souhaitez motiver les étudiants, célébrer leurs succès et encourager l'expression de leurs émotions.

C. Vous donnez des défis stimulants pour leur faire découvrir leurs propres capacités.

D. Vous cultivez un environnement bienveillant où chaque élève sera soutenu et encouragé.

8) Après une journée intense en apprentissage, vos élèves vous demandent de partager une anecdote de votre vie de ninja qui vous a particulièrement marqué. De quoi parlerait-elle ?

A. De la recherche de la vérité et de la découverte de soi.

B. Du pouvoir de l'amour et de la confiance en soi.

C. De philosophie, racontée avec une perspective unique.

D. De la nécessité de persévérer pour surmonter les obstacles de la vie.

9) Après des années de missions périlleuses, vous venez de devenir *Hokage*. À cette occasion, l'ouvrage *Agir et penser comme un Hokage* vient de paraître à Konoha. Beaucoup de monde se presse devant la librairie et, soudain, une bagarre éclate…

A. Votre gentillesse vous a eu : malgré le travail qui vous attend, vous calmez la foule en acceptant d'échanger avec elle sur votre ouvrage et sur les qualités d'un *Hokage*.

B. Il ne doit pas y avoir de blessés ! Vous foncez et tentez de tout arrêter.

C. Vous avez des choses plus importantes à faire… Vous partez en demandant à vos collègues d'intervenir à votre place.

D. Vous analysez la situation avant d'agir.

10) Parmi ces citations connues, laquelle fait le plus écho à votre propre vision de l'avenir ?

A. « Dans la sécheresse, on découvre les bonnes sources ; dans la détresse, les bons amis. » - Proverbe chinois

B. « Je suis né pour partager l'amour et non la haine. » - Sophocle

C. « Soyez le changement que vous souhaitez voir dans ce monde. » - Gandhi

D. « Il n'y a rien de plus fort au monde que la douceur. » - Han Suyin

TABLEAU DES CORRESPONDANCES DE RÉPONSES

Associez chacune de vos réponses au symbole correspondant :

Questions n°	A	B	C	D
1			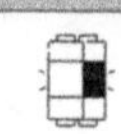	
2		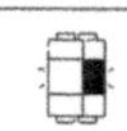		
3				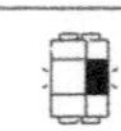
4		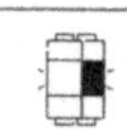		
5		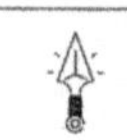		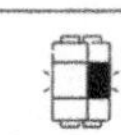
6	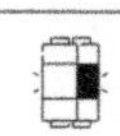			
7			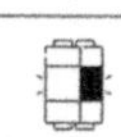	
8	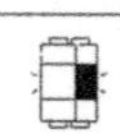			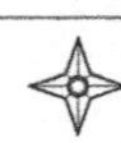
9	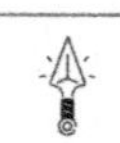		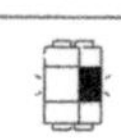	
10		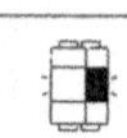		

RÉSULTATS

Total de :	
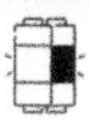	

Vous avez une majorité de  : Votre personnalité est proche de celle de Naruto !

Comme Naruto, vous êtes probablement une personne déterminée et résiliente, prête à surmonter les obstacles avec une attitude positive. Votre esprit combatif et votre capacité à persévérer dans les moments difficiles sont des caractéristiques clés de votre personnalité. Comme le héros de Konoha, vous êtes probablement animé par un fort sens de la justice et de la loyauté envers vos proches. Vous avez peut-être une propension à inspirer et motiver les autres, tout en cherchant constamment à vous améliorer. En embrassant les valeurs de Naruto, vous encouragez un environnement positif autour de vous et inspirez les autres à poursuivre leurs rêves. En continuant à agir et à penser de manière similaire à Naruto, vous renforcez les aspects positifs de votre personnalité et incarnez le pouvoir de la persévérance et de l'amitié.

Vous avez une majorité de  : Votre personnalité est proche de celle de Sasuke !

Comme Sasuke, vous êtes probablement une personne déterminée et prête à vous sacrifier pour atteindre vos objectifs. Votre propension à agir en solitaire peut indiquer une forte indépendance et une volonté de prendre en charge votre propre destin. Cependant, pour renforcer les aspects positifs de votre personnalité, il pourrait être bénéfique d'essayer de vous ouvrir aux autres et de ne pas hésiter à chercher le soutien de ceux qui vous entourent. Tout en conservant votre détermination et votre volonté de vous sacrifier pour vos objectifs, l'ouverture aux autres peut contribuer à équilibrer votre personnalité, favorisant une croissance personnelle et des connexions plus profondes avec ceux qui vous entourent.

Vous avez une majorité de  : Votre personnalité est proche de celle de Kakashi !

Tout comme Kakashi, vous êtes probablement une personne loyale, attachée aux valeurs de l'amitié et du travail d'équipe.

Votre compréhension de l'importance des relations interpersonnelles peut être une force majeure dans votre vie. Pour renforcer les aspects positifs de votre personnalité à la manière de Kakashi, il pourrait être bénéfique de ne pas laisser le passé influencer excessivement votre présent et votre futur. En adoptant une perspective plus centrée sur le moment présent, vous pouvez mieux apprécier les relations et les expériences actuelles. De plus, en laissant votre entourage occuper une place significative dans votre vie, vous renforcez les liens affectifs et contribuez à un équilibre harmonieux entre le passé, le présent et l'avenir. Ce faisant, vous vous rapprochez davantage du modèle positif de Kakashi en tant qu'individu loyal et connecté à ceux qui vous entourent.

Vous avez une majorité de : Votre personnalité est proche de celle de Hinata !

Comme Hinata, vous êtes probablement une personne calme, réfléchie et polie, avec une attitude ouverte et non critique envers les autres. Pour renforcer les aspects positifs de votre personnalité à la manière de Hinata, il pourrait être bénéfique de travailler sur votre confiance en vous. En développant une confiance accrue, vous pourriez découvrir de nouvelles facettes de votre personnalité et être plus à l'aise pour partager vos pensées et vos idées avec les autres. Avoir conscience de l'impact que vous avez sur les autres peut également être un moyen puissant de renforcer les relations interpersonnelles. En étant attentif à votre influence positive, vous contribuez à créer un environnement chaleureux et encourageant pour ceux qui vous entourent. Ainsi, en alliant la douceur et la réflexion de Hinata à une confiance en soi grandissante, vous pouvez épanouir votre personnalité de manière équilibrée et positive.

REMERCIEMENTS

Je remercie Carole Baillien, qui m'a fait l'honneur et le plaisir de rédiger la préface de cet ouvrage. Sa participation me tenait vraiment à cœur. Comme de nombreux fans de l'œuvre, j'ai grandi bercé par sa voix, porteuse de nombreuses émotions. Je suis tombé pour la première fois de ma vie sur un épisode de *Naruto* à l'âge de sept ans. Le travail merveilleux de Carole a grandement contribué à l'attachement que je porte au personnage. Un grand merci !

Je remercie Lizzie Barreille, professeure de japonais, qui m'a aidé à comprendre et à expliquer toutes les subtilités de l'expression *dattebayo*.

Je remercie ma formidable éditrice Louise Bellot, qui est en grande partie à l'origine du quiz de fin et qui a veillé à ce que je sois pleinement fier de cet ouvrage.

Je remercie les Éditions de l'Opportun pour cette aventure et pour la confiance témoignée depuis notre première collaboration.

Merci évidemment à tous mes proches, qui ne cessent de m'encourager à suivre cette démarche de partage.

Imprimé en France par CPI Firmin-Didot
en avril 2024
N° d'impression : 179604
ISBN : 978-2-38015-907-3
Dépôt légal : mai 2024